如何说
客户才肯听

孙豆豆◎著

怎样听
客户才肯说

销售不懂沟通术，你就自己跑断腿

黑龙江教育出版社

图书在版编目（CIP）数据

如何说客户才肯听，怎样听客户才肯说 / 孙豆豆著.
— 哈尔滨：黑龙江教育出版社，2017.3
（读美文库）
ISBN 978-7-5316-9160-0

Ⅰ.①如… Ⅱ.①孙… Ⅲ.①销售－语言艺术 Ⅳ.
①F713.3

中国版本图书馆CIP数据核字(2017)第067050号

如何说客户才肯听，怎样听客户才肯说
Ruhe Shuo Kehu Caikenting, Zenyangting Kehu Caikenshuo

孙豆豆 著

责任编辑	鲁国艳
装帧设计	MM末末美书
责任校对	唐彦伟
出版发行	黑龙江教育出版社
	（哈尔滨市南岗区花园街158号）
印　刷	廊坊市华北石油华星印务有限公司
开　本	880毫米×1230毫米　1/32
印　张	7
字　数	140千
版　次	2017年7月第1版
印　次	2017年7月第1次印刷

书　号　ISBN 978-7-5316-9160-0　　　**定　价**　26.80元

黑龙江教育出版社网址：www.hljep.com.cn
如需订购图书，请与我社发行中心联系。联系电话：0451-82533097　82534665
如有印装质量问题，影响阅读，请与我公司联系调换。联系电话：0312-7182726
如发现盗版图书，请向我社举报。举报电话：0451-82533087

在如今竞争激烈的市场中，如果一个销售员拥有能言善辩、幽默机智等"会说话"的能力，通常能收到事半功倍的效果，获得意想不到的成功。但是，一个销售员仅仅拥有能说会道的"口才"是不够的，要成为一个顶尖的销售员还要具备另一种能力，那就是倾听。

雄辩是银，倾听是金。销售员通过听要比通过说能做成更多的交易。一个成功的销售员不仅要会说，还要会听。销售员只有掌握了说话和倾听的技巧，业绩才会不断提高。

原一平曾经露宿公园，三餐不济，只能通过一场美梦来体验吃到午饭的感觉。因为推销，他成为日本寿险业声名显赫的人物，到43岁后连续保持15年全国推销冠军，连续17年推销额达百万美元，从而衣食无忧，财富滚滚而来。

乔·吉拉德出生于美国底特律的一个贫民窟，他患有严重口吃，35岁之前，他的人生简直是一败涂地。因为推销，他在

1963年—1977年间，共卖出了13 000辆汽车，成为世界上最伟大的销售员。1978年，他急流勇退，居住在底特律市郊东边的葛洛斯角高级住宅区，与世界汽车工业先驱亨利·福特继承人福特二世毗邻而居。

推销并不只是把产品和服务售卖给客户那么简单，它背后的旨意也并非只是获得佣金那么浅显。推销意味着全面革新自我、不断挑战生命的极限，它为所有进取的人提供了这样一种机会：只要你不断付出，你就能够获得成功，而这种成功没有上限，你的心有多大，你的舞台便有多大，如果你确实进取有道，你可以成为百万富翁，甚至千万富翁。

本书分别从如何说、如何听两个方面来阐述，告诉你如何成为一名优秀的销售员，并从实用性出发，针对销售工作中最常见的口才问题，结合实际案例，为刚进入销售行业和正在从事销售工作的朋友提供切实可行的提高方法，希望可以帮助你提高说话和听话的水平，进而提高销售业绩，成为一名优秀的销售人员。

目 录
Contents

上篇

如何说客户才肯听

销售就是卖家与买家沟通交流，最后达成买卖交易的过程。销售高手都是说话高手！把话说好，你就可以把任何东西卖给任何人。说什么，如何说，客户才能愿意听，愿意接受？这里面有很深的学问，涉及心理、语言、人际等多门科学。作为销售人员，一定要把话说到客户心里去，让客户无法拒绝你的销售。

第1章

先做专家再做销售，让客户重视你的话

　　销售不是简单地卖东西，销售人员也不是简单地卖东西的人。一流的销售人员会把自己定位成顾问、医生、专家，只有平庸的销售人员才会说自己是个"跑腿的"。

专家式的销售人员受客户喜爱

　　顾问式营销，起源于20世纪90年代，它是指销售人员以专业的销售技巧，向客户进行产品介绍的同时，还要运用综合的分析能力、实践能力、说服能力切中客户的需求，并且预见到客户未来的需求，提出积极有益的建议。

　　生活中，我们需要用形形色色的产品来满足自己的需求。但作为普通消费者来说，是没办法做到精通每一个行业、每一种产品的，这时，销售人员的专业程度就变得极为重要。

销售人员需要成为客户信赖的业务顾问，为他们排忧解难，提供一切咨询。比如，你卖香水，就要了解这瓶香水的制造过程、原材料、香味的作用、品位和寓意，要让消费者在使用香水的同时，得到很多受益的知识，提高自己的格调。你卖一台空调，就需要你能够根据客户的居住空间，提供最合适的空调机型，并且解决客户的一切技术需要。

消费者喜欢专家、顾问式的销售人员。对销售人员来讲，你所掌握的知识及信息，与客户对比起来，是极为不对等的，你的专业程度远远超过客户。所以，你需要向客户提供的帮助，并不仅仅是卖掉产品这么简单，而是应该让产品在客户的生活和工作中发挥最大限度的作用，并且让客户感觉这笔付出是物超所值。

有一家手表公司，随着人们的生活水平逐渐提高，他们的业绩十多年来也飞速地发展。但是随着经营规模的扩大，公司发现以前屡试不爽的经营策略，好像一夜间就失灵了，产品销售越来越吃力，就像掉进了一张渔网。

症结出在哪里呢？新上任的销售部经理经过仔细的调查和分析，发现问题出在老化的销售方式上：

1. 销售人员的角色定位，依然停留在销售员和促销员的层次上，卖掉产品就当完成了任务；

2. 现场销售技能不足，言行不专业，没有统一的培训和产品讲解规范；

3. 销售人员的队伍不稳定，缺乏一个专业的能为客户服务到位的团队。

针对这三个问题，他提出了解决方案：为公司建立顾问式营销策略，让客户得到专家式的服务，提高产品满意度，进而推动销售，提升品牌形象。通过这种营销手段的转变，销售人员的专业水平提高了，同时在手表的形象设计上，公司也加入了更多深层次的内涵，继而经过一系列的广告投放，用了两年的时间，该公司的手表就继而成了全国知名品牌。

大多数客户购买手表的时候，并不仅仅是想拥有一个计时的工具，而是在寻求一种身份和地位的象征，想满足精神上的需求。如果销售人员只是针对手表的使用性能大加宣扬，效果往往不理想。顾问式的营销人员，则很擅长利用消费者的精神需求，对产品进行高层次的包装，影响客户的理性决策。

比如，男性适合戴什么样的手表？它的品牌选择，外形，颜色，功能，质地，寓意如何？最适合女性的手表又是什么样的？今年的流行时尚与去年有什么不同？颜色有什么讲究？还有像装饰品、电脑、手机等各种产品，客户都需要销售人员给予全面而专业的讲解，让客户感觉到，自己不仅获得一件产品，更重要的是获得了一种品位，一种全方位的服务。

顾问式销售的好处：

1. 最直接的益处，就是让客户在收集信息、评估选择和购买决定这三个过程中，得到顾问与专家式的帮助，减少客户的购买支出，少走弯路；

2. 由于面对面地交流，可以提供体贴入微、周到的服务，从而能给客户带来情感收入，并留下良好的服务印象；

3. 为企业带来无穷的利益，最大程度地激发消费需求，增加企业的销售机会，树立优秀的品牌形象；

4. 让客户产生良好的购后反应，企业与客户之间建立双赢的销售关系。

一个满意的客户，是企业最好的广告。专家、顾问式销售的目的，就是让客户成为企业的最佳宣传员。通过一种全方位的专业化服务，无形中能够让客户与企业建立一种情感关系，将产品形象深植于客户的心中。像惠普电脑公司的"金牌服务"，让用户得到专家品质的免费的售后服务，这在很大程度上提高了公司品牌，赢得了消费者的信赖。

怎样让自己成为顾问式销售人员呢？

1. 深入了解产品和技术，可以随时为客户提供正确的支持，这是基本素质；

2. 了解你的目标客户，具备甄选与分析客户的能力，根据客户不同的类型，自如地提供合适的服务方案；

3. 增加与客户的亲近感，消除陌生客户的抗拒心理，把握最适当的时机，说服客户主动购买；

4. 销售时，做到有效地开场，有条理地询问，真诚地倾听，专业地介绍，策略性地谈判，能够与客户坦诚相对；

5. 不仅能成为客户的顾问，还能成为客户的朋友。

如果你能领会这些，并且掌握相关的销售服务技能，你就会无往不胜。

客户都有相信权威、专家或行家的心理

一个人要是地位高，有威信，受人敬重，那他所说的话及所做的事就容易引起别人重视，并让他们相信其正确性，即"人微言轻、人贵言重"。"权威效应"的普遍存在，首先是由于人们有"安全心理"，即人们总认为权威人物往往是正确的楷模，服从他们会使自己具备安全感，增加不会出错的"保险系数"；其次是由于人们有"赞许心理"，即人们总认为权威人物的要求往往和社会规范相一致，按照权威人物的要求去做，就会得到各个方面的认可和赞许。

美国一位心理学家曾经做过一个实验：

在给某大学心理学系的学生们讲课时，心理学家向学生介绍了一位从外校请来的德语教师，说这位德语教师是从德国回

来的著名化学家，而且说他还有很多著名的学术研究和科学发明，在化学界是相当出名的，很难得才请他来到这里，于是得到了学生的热烈欢迎。

在之后的化学课上，这位"化学家"煞有介事地拿出了一个装有蒸馏水的瓶子，他告诉学生，这是他新发明的一种化学物质，有一种特殊的气味，后来他让在座的闻到了气味的学生举起手来，结果多数学生都举起了手。

这样的结果是令人惊讶的，为什么明明无气味的蒸馏水，学生却可以闻出味道来呢？这是因为人们对权威的信任和遵从，使其对权威的"化学家"没有任何的怀疑，而认为蒸馏水确实有气味。

在"权威"面前，人们总是认为权威人物的思想、行为和语言是正确的，服从他们会使自己有种安全感，增加不会出错的"保险系数"。同时，人们还有一种"认可心理"，即人们总认为权威人物的要求往往和社会要求相一致，只要按照权威人物的要求去做，就会得到各方面的认可。在这样的心理影响下，人们往往把权威说过的话、做过的事，当成是命令、榜样，而不敢轻易去违背。即使有独立思考能力的人，也会不由自主地受到权威的影响，甚至做出一些不理智的事情来。

人们对权威的深信不疑和无条件地遵从，会使权威形成一种强大的影响力，利用这种权威效应，可以在很大程度上影响和改变人们的行为。在现实生活中，"权威效应"的应用很广泛，如许多商家在做广告时，高薪聘请知名人物做形象代言人，或者以有影响的机构认证来突出自己的产品，以达到增加销量的目的。在辩论说理的时候，我们也经常会引经据典，引用权威人士的话作为论据，以增强自己的说服力。利用"权威效应"能够帮助我们比较容易达到引导或改变对方态度和行为的目的。

很多人为了获得安全感，为了减少损失，总是喜欢"跟着行家走"，因为行家很少会出错，行家会给我们一个比较正确的前进方向。在权威效应的影响下，行家的引导力是非常大的。在现实生活中，人们往往喜欢购买各种名牌产品，因为它有明星的代言、有权威机构的认证、有社会的广泛认同，这样可以给人们带来很大的安全感。比如学生们在购买参考书和练习册时，也会选择有名的出版社及著名的教授学者出版或推荐的。因为与其他的参考资料相比，从权威这里获得的知识和好处会更多。这就是在销售与消费中，权威效应起到的巨大影响力。因此，如果销售人员能够巧妙地利用权威的引导力，则能对销售起到很大的促进作用。

小张是做防盗门推销工作的，一次他打电话约见一位客户，客户要求小张9：00准时到自己家，并带上详细的资料。从电话中，小张感到客户要求比较严格，是一个难以应对的客户，所以做好了比较全面的准备。

有了一定的心理准备，小张到了客户的家里并没有太紧张。在向客户做商品介绍的时候，小张长了个心眼儿，说得特别详细，在客户询问时也回答得比较有条理，还把客户的意见用小本记了下来。这一点让客户很满意，觉得小张是一个细心稳重的人。

但是在交谈中，小张还是发现客户对自己的产品有很多怀疑，不能够完全相信，于是，小张就向客户提供了一份关于产品的市场调查报告，使他了解自己产品的真实销量，这一点小张很自信，因为防盗门的销量确实很好，对客户也很有说服力。此外，为了让客户深信不疑，小张更是拿出产品的认证证书，以及很多在国际获得的奖状，还有权威专家的推荐，这一套攻势下来，客户终于消除疑虑，很放心地购买了他的产品，毕竟有那么多权威的推荐和认可，自己也没有什么不放心的。

在现实生活中，权威会对人们的言行产生很大的影响，而且权威代表着社会的认同，代表着绝大多数人的意见，这样，在其强大的影响力下，人们会变得很顺从，而不敢对权威发起挑战。在销售活动中，利用权威的威慑力和引导力，确实会对人们的消费选择产生很大的影响，销售人员要正确合理地应用这种优势，绝不能贪图利益，弄虚作假，以此来欺骗客户，否则就会事与愿违。

扮演好产品专家的角色

商场里出现了这样一幕：

"小姐，这台冰箱为什么比那一台贵那么多钱？"一位家庭主妇问道。

"因为这台比另一台要好一些。"售货员小姐答道。

"这个我清楚，可是我想知道的是，究竟好在哪里？它有什么突出的优点，要值那么多的钱？"客户不依不饶。

"嗯，这个我不清楚，我只是负责卖的。"

对于销售人员来说，仅仅博得客户的好感是不够的，更重要的是赢得客户的信任，使其最终购买你的商品才是最终目的所在。因此，有关商品的专业知识是销售人员必须掌握的。业务素质应该是销售人员的基础"硬件"。

要想成功地打动客户，销售人员就要将产品的优越性以最吸引人的方式或语句展示给客户，因而销售人员自己应先对所推销的商品有一个正确的、透彻的认识。以拥有百年历史的"雅芳"公司为例，这个业务遍布五大洲120多个国家和地区，营销代表逾200万人，年销售额达几十亿美元的公司，对旗下的销售人员有一条不成文的规定，即每个推销"雅芳"产品的人都必须是"雅芳"产品100％的用户。切身体会无疑是销售人员最具说服力的底牌。只有亲身试用，以一个消费者的角度去品评自己的产品，才会获得最可靠的第一手资料，才会对产品真正拥有信心，并把这种信心带到每一次营销中，用这种信心去感召每一位客户。也只有真正了解了产品，才会对客户所提出的与产品本身紧密相关的问题做到心中有数、应对自如。

如果说，销售95％靠的是热情，那剩下的5％靠的就是产品知识。销售人员成为产品专家后，就能够回答客户提出的任何问题，毫不迟疑并准确地说出产品的特点，熟练地向客户展示产品。只有具备了专业的丰富的产品知识，才能信心十足，才能产生足够的热情，成为销售专家。现在，许多顶尖销售人员最引以为傲的，不是自己的销售业绩，而是他们在其产品或服务方面的渊博知识无人能及。

因此，销售人员在进行推销之前，一定要对产品的以下基本特征有充分了解。

1.产品的名称

有些产品的名称本身就具有特殊的含义。这些名称就包含了产品的基本特征，有可能也包含了产品的特殊性能等，所以销售人员必须充分了解这些内容。

2.产品的技术含量

指的是产品所采用的技术特征。一个产品的技术含量的多少，销售人员应该心知肚明。在销售时，要扬长避短，引导消费者认识产品。

3. 产品的物理特性

包括产品的规格、型号、材料、质地、美感、颜色和包装等。

4. 产品的效用

销售人员应该知道产品能够为客户带来什么样的利益，这是应该重点研究的地方。因为消费者之所以选择购买某种产品，正是因为该产品能够给消费者带去他所需要的效用。因此，销售人员应该注意以下几点：

（1）品牌价值：随着人们的品牌意识的提高，对于很多领域内的产品，消费者比过去更加注重产品的品牌知名度。

（2）性价比：这是理智的消费者会着重考虑的因素，在购买某些价格相对比较高的产品时，这种考虑会更加深入。

（3）特殊卖点：指的是产品蕴含的新功能、其他产品所无法提供的功能等。

（4）服务：人们越来越关注产品的售后服务，但是，产品的服务不仅仅指的是售后服务，还包含销售前的服务和销售中的服务。

销售不是简单地卖东西，销售人员也不是简单地卖东西的人。一流的销售人员会把自己定位成顾问、医生、专家，只有平庸的销售人员才会说自己是个"跑腿的"。

销售人员是顾问。销售人员是用产品与服务来解决问题的人，而不是去找产品买主的人。销售人员不应该走到客户面前，摆出一副希望能做成生意的样子。相反地，在拜访客户的时候，一定要以顾问身份去解决问题或帮助客户达到目标。

只有成为客户的顾问，才会站在客户的一边，为客户的利益出谋划策，才能得到客户的信任与尊重。

销售人员是医生。在任何情况下，医疗过程都会遵循以下三个步骤：检查、诊断、开处方。医生如果没有经过这三个步骤，就是不合格的。销售人员也和医生一样，应遵循同样的职业道德规范。

把自己当做客户的医生，把自己的产品和服务当做是最好的药方。在"诊断"的过程中兼客户户的整体利益，找到最妥善的解决方案，这就是最伟大的销售之道。

销售人员是专家。优秀的销售人员能够让客户明白从他手中购买产品而不是从竞争对手处购买产品的好处是什么；优秀的销售人员懂得更多的专业知识，他可以给客户更多的建议、更好的服务；优秀的销售人员明白客户的心声，了解客户的真实想法；优秀的销售人员让客户感觉良好，好到让客户觉得如果不从他那儿购买产品就会有负罪感。

专业化介绍产品可给客户带来利益

有一位客户到家具店购买一把办公椅子，销售员带客户看了一圈。

客户："那把椅子价钱怎么算？"

销售员："600元。"

客户："这一把为什么比较贵，隔壁有一把和这个看起来差不多，只要250元。而且从我们外行看来，觉得这一把应该更便宜才对！因为那一把确实比较漂亮。"

销售员："这一把进货的成本就快要600元了，只赚您50元。"

客户："为什么这把椅子要卖600元？"

销售员："先生，请您坐下来亲身体验一下。"

客户依着他的话，坐了一下，感觉比250元的那款稍微硬一些，坐起来还蛮舒服的。

销售员看客户试坐完椅子后，接着告诉客户：

"250元的那把椅子坐起来较软，您觉得很舒服，而600元的椅子您坐起来却觉得不是那么软，这是因为椅子内的弹簧数是不一样的，我们这款椅子由于弹簧数较多，绝对不会因变形而影响到坐姿。不良的坐姿会让人的脊椎骨侧弯，很多人腰痛就是由长期的不良坐姿而引起的。而且就这把椅子来说，光是弹簧的成本就要多出将近100元。同时这把椅子旋转的支架是纯钢的，它比一般非纯钢的椅子寿命要长一倍，不会因为过重的体重或长期的旋转而磨损、松脱，这一部分坏了，椅子也就报废了，因此，这把椅子的平均使用年限要比那把多一倍。

"另外，这把椅子虽然看起来不如那把那么豪华，但它完全是依人体工程科学来设计的，坐起来虽然不是软绵绵的，却能让您坐很长的时间都不会感到疲倦。一把好的椅子对成年累月坐在椅子上办公的人来说，实在是非常重要。这把椅子虽然不是那么显眼，却是一把精心设计的椅子。那把250元的椅子很好看，但是质量就差了一点。"

客户在听了这位销售员的说明后，心里想：还好只贵350元，但是为了保护我的脊椎，就是贵800元我也会购买这把较贵的椅子。

消费者喜欢专家、顾问式的销售人员。对销售人员来说，你所掌握的知识以及信息，与客户对比起来，是极为不对等的，你的专业程度远远超过客户。所以，你需要向客户提供的帮助，并不仅仅是卖掉产品这么简单，而是应该让产品在客户的生活与工作中发挥最大限度的作用，并且让客户感觉这笔付出是物超所值。

多谈产品的价值，少谈产品的价格

有关讨价问题，心理学家曾做过调查，认为客户讨价的动机有以下几种情况：

1.客户想买到更便宜的产品；

2.客户知道别人曾以更低的价格购买了你推销的产品；

3.客户想在商谈中击败销售员，以此来显示他的谈判能力；

4.客户想利用讨价还价策略达到其他目的；

5.客户怕吃亏；

6.客户想向周围的人证明他有才能；

7.客户把销售员的让步看作是自己身份的提高；

8.客户不了解产品的真正价值，怀疑产品的价格与价值不符；

9.客户根据以往的经验，知道从讨价还价中会得到好处，且清楚销售员能做出让步；

10.客户想通过讨价还价来了解产品真正的价格，看销售员是否在说谎；

11.客户想从另一家买到更便宜的产品，他设法让你削价是为了给第三者施加压力；

12.客户还有其他同样重要的异议，这些异议与价格无关，他只是将价格作为一种掩饰。

任何东西都有人嫌贵，嫌贵只是一个口头禅。这是销售员最常见的客户异议之一，遇到这种异议时，切忌回答"你不识货"或"一分钱，一分货"，在解决这个问题时，销售员应遵循以下原则：

1. 先发制人，不等客户开口讲出来，就把一系列客户要提出的异议化解。

2. 在商谈中尽量先谈产品价值，后谈价格。

3. 在交易中，价格是涉及双方利益的关键，是最为敏感的内容，谈论价格容易造成僵局。化解这一僵局最好的办法是多强调产品对客户的好处与实惠。因此，要多谈产品的价值，尽量少谈产品的价格。

4. 把客户认为价格高的产品跟另外一种产品做比较，它的价格可能就显得低些。要经常收集同类产品的价格资料，以便必要时进行比较。

5. 在可能的情况下，尽量用较小的计价单位为客户报价，如湿纸巾每包售价100元，将报价单位缩小到每盒10元。将交易总额细分为许多小数额，会使你的客户比较容易购买。

6. 从产品的优势，如商品的质量、功能、声誉、服务等方面引导客户正确看待价格差别，指明客户购买产品后所得到的利益远远大于支付的货款，客户就不会再斤斤计较价格了。

7. 把高档产品与一些劣质的竞争产品放在一起示范，借以强调所推销产品的优点，并教客户辨别产品的真伪，经过一番示范比较后，客户就价格所提出来的异议会马上消失。

在推销活动中，无论客户提出哪种价格异议，销售员都应认真加以分析，探寻一下隐藏在客户心底的真正动机。只有摸清了客户讨价背后的真正动机，销售员才能说服客户，实现交易。

第 2 章

知己知彼，猜透"上帝"的心思好说话

顶尖的推销员在做任何事情之前，都要做充分的准备。尤其与准客户见面之前，必须把对方的情况了解得一清二楚，甚至不惜推迟见面的时间。

先了解客户再去"攻城"

一些销售人员在接近客户前，从不有计划地收集客户的资料、了解客户的情况。他们总是匆匆忙忙地敲开一位客户的家门，急急忙忙地介绍产品，遭到客户拒绝后，又赶快去拜访下一位客户。他们整日忙忙碌碌，所获却不多。聪明的销售员知道与其匆匆忙忙地拜访10位客户而一无所获，不如认认真真做好准备打动一位客户。

在一些销售人员眼里，接近客户，只是跟客户聊聊天、吃吃饭而已，没有必要做什么准备。这是那些没有经验的销售人员常有的心态。他们往往很自信，觉得自己完全有能力使客户驯服。其实，这是一种错误的想法。如果不了解客户，不做必要的准备，当接近客户时就有可能不知所措，使自己与客户的见面成了一种尴尬。比如说，当你推销化妆品时，提到某一明星，而这个明星正是这个客户讨厌的人，那么，推销的结果可想而知了。

不知道该客户的家庭情况，也就不知道客户家里的真正需求。销售人员可能会向家庭并不富裕的客户介绍一些价格偏高又没有太大实用性的产品。也可能客户正想买一些护肤品，可是销售人员却向其介绍家居用品，客户没有需求，当然不会购买了。所有这些，归根结底都是因为销售人员事先没有收集客户的资料，了解客户的需求。

销售员扮演着资讯传达者的角色，就像一个导体一样，串联着公司业务和终端使用者。只有事先了解了客户的情况，才会知道客户所在的行业，所从事的工作或者受教育的程度，才可以根据相应的情况准备几套不同的解说词，以适应不同层次的客户，提高他们的兴趣。

所收集的资料往往会决定整个推销过程的成败。有些销售员知道收集客户的资料，却不知道收集其他竞争者的资料。在推销过程中，有的客户会向销售人员提出一些有关竞争对手的问题，比如他们会问到其他品牌产品和这个产品相比有什么劣势。这个时候，销售员因没有收集相关资料，只能保持沉默或敷衍了事，这样做的最终后果就是白白失去了成交的机会。

对客户的了解，要像了解老朋友一样

世界最顶尖的销售员，在做任何事情之前，都要做非常充分的准备，因为他们知道：成功总是降临在那些有准备的人身上。

在与准客户见面之前，必须把对方的情况了解得一清二楚，否则就绝不与他见面，这就是汽车业推销冠军乔·吉拉德推销的原则之一。与客户见面之前，他会根据所有可以收集到的详细资料，描绘出客户的形象，同时想象站在客户面前与客户谈话的情景，如此演练数次之后，他才会真正地去拜访客户。

乔·吉拉德说："对准客户的了解，起码要达到10多年的老友那样。"

一个顶级的销售员在推销前的准备是非常彻底的，包括事前资料的收集、模拟演练、角色扮演，一切都要熟练，他们有备而战，该带的辅助用具，如计算机、梳子、名片、笔、记事本、手帕、打火机、价目表、契约书、订货单、目录、样品……都会一一带齐。

做大量的事前准备是销售员轻松签约的第一步。

假如你用9小时去砍一棵树，你就要花6小时磨利斧头。

访问客户前，销售员要对自己的仪表、穿着、精神面貌一一检查，看是否合乎标准。

除了对本公司的产品、服务有所了解外，销售员对竞争者也应该相当了解，对一般有关法律知识、票据知识、同行业知识及一般常识都要有所掌握。

乔·吉拉德提醒销售员在初次拜访客户前要检查以下准备：

1. 使用能吸引准客户的名片；

2. 列出准客户能立即获得的好处；

3. 准备好请教准客户意见的问题；

4. 能够解决准客户尚待解决的问题；

5. 告诉准客户重要的信息；

6. 一定要复习产品的优点，熟悉公司产品的特色与功能；

7. 了解竞争对手产品的缺点及不足之处；

8. 一定要掌握客户的需求及详细情况。

让客户感到你的关心

在销售过程中，销售人员必须认识到客户渴望得到关注的心理，并且要在沟通过程中适时适度地表达对他们的关心和体贴。

《世界最伟大的销售员》一书中有这么一段话："我要爱所有的人。仇恨将从我的血管中流走。我没有时间去恨，只有时间去爱。现在，我迈出了成为一个优秀的人的第一步。有了爱，我将成为伟大的销售员，即使才疏学浅，也能以爱心获得成功；相反的，如果没有爱，即使博学多识，也终将失败。"

可见，销售成功并不完全取决于技巧，有时，只要你拥有一颗爱人之心就可以了。

有一位销售人员经常去拜访一位老太太，打算以养老为理由说服老太太购买股票或者债券，为此，他就常常与老太太聊天，陪老太太散步。

经过一段时间，老太太就离不开他了，常常请他喝茶，或者和他谈些投资的事项。然而不幸的是，老太太突然死了，这位销售人员的生意泡汤了，但他仍然前往参加了老太太的葬礼。当他抵达会场时，发现竞争对手另一家证券公司竟也送来了两只花圈，他很纳闷："究竟是怎么一回事呢？"

一个月后，那位老太太的女儿到这位销售人员服务的公司拜访他。她表示，她就是另一家证券某分支机构的经理夫人。
她告诉这位销售人员："我在整理母亲遗物的时候，发现了好
几张您的名片，上面还写了一些十分关怀的话，我母亲很小心
地保存着。而且，我以前也曾听母亲谈起过您，仿佛跟您聊天
是生活的快事，因此今天特地前来向您致谢，感谢您曾如此关
心我的母亲。"

夫人深深鞠躬，眼角还噙着泪水，又说："为了答谢您的
好意，我瞒着丈夫向您购买贵公司的债券。"然后拿出40万元
现金，请求签约。

对于这种突如其来的举动，这位销售人员大为惊讶，一时
之间，无言以对。这是发生在销售界的一个真实的故事，有些
人可能认为这份合约来得太突然、太意外，其实不然。老太太
的女儿之所以会这样做，就是因为被他的爱心所感动，才买下
该公司的债券。

一名好的销售人员应天性上就倾向关心他人，也一直在试
图让别人快乐。如果你能让客户或潜在客户感觉到，你是真心
喜欢他们，关爱他们，也很敬重他们，那么你的销售将会无往
不胜。

乔·吉拉德是世界上最伟大的销售人员，他在15年里卖出
13 000辆汽车，最多的一年竟卖了1 425辆，他的成功，应该归
功于他用关怀温暖了每一个人。

有一次，一位中年妇女走进他的展销室，她说想在这儿看看车打发一会儿时间。闲谈中，她告诉乔·吉拉德她想买一辆白色的福特车，就像她表姐开的那辆一样，但对面福特车行的销售人员让她过一小时后再去，所以她就先来这儿看看。她还说这是她送给自己的生日礼物："今天是我55岁生日。"

"生日快乐！夫人。"乔·吉拉德一边说，一边请她进来随便看看，接着出去交代了一下，然后回来对她说："夫人，您喜欢白色车，既然您现在有时间，我给您介绍一下我们的双门轿车——也是白色的。"

他们正谈着，女秘书走了进来，将一束玫瑰花递给他。他把花送给那位妇女："祝您长寿，尊敬的夫人。"

显然她很受感动，眼眶都湿了。"已经很久没有人给我送礼物了。"她说，"刚才那位福特销售人员一定看我开了部旧车，以为我买不起新车，我刚要看车他却说要去收一笔款，于是我就上这儿来等他。其实我只是想要一辆白色车而已，只不过表姐的车是福特，所以我也想买福特。现在想想，不买福特也可以。"

最后她在乔·吉拉德这儿买走了一辆雪佛兰，并写了张全额支票，其实从头到尾乔·吉拉德的言语中都没有劝她放弃福特而买雪佛兰的词句。只是因为她在这里感受了重视和关心，于是放弃了原来的打算，转而选择了乔·吉拉德的产品。

可见，销售人员付出真诚，让客户感受到你的关心，就能赢得客户。所以，任何一位不愿意失去成交机会的销售人员都要拥有一颗爱人之心，努力营造彼此友善相处的良好沟通氛围，这样才会在销售中战无不胜。

爱是这个世界所有人都无法拒绝的。销售人员在事业的拓展中，对待客户要有爱心，也许客户会拒绝你的产品，但不会拒绝你的爱心和关心。人们常说："爱心有多大，事业就可以做多大。"所以说，销售人员必须是充满爱心的人，你要爱你的产品、爱你的客户，这样你才能得到客户的回报。对客户和周围事情冷漠、无动于衷的人，是当不了销售人员的。人人都需要关心，如果你还没有开始关心客户，那么就从现在开始吧，因为关心永不言迟。

猜透客户对稀少的东西想占有的心理

鲁迅先生曾在《藤野先生》一文中说过这样一段经典的话："大概是物以稀为贵罢。北京的白菜运往浙江，便用红头绳系住菜根，倒挂在水果店头，尊为'胶菜'，福建野生的芦荟，一到北京就请进温室，且美其名曰'龙舌兰'。"这反映了一个亘古不变的道理，即物以稀为贵。

从心理学的角度看，短缺因素对商品的价值会起到很大的影响。人们总是害怕失去或得不到，对稀罕物品有着本能的占有欲，反应在消费购物方面，越是稀少的东西，人们就越想买到它。在现实生活中，销售人员可以使用"数量有限"的策略，当销售人员告诉客户某种商品供应比较紧张，不能保证一直有货的情况下，就会促使客户及早地采取购买行动。

杰克是位很出色的销售人员，他在向客户推销产品时，总是能够巧妙地运用短缺原理来促使客户尽快做出决定。

杰克先后推销过十几种商品，虽然面对的客户有所不同，但是不管推销哪种商品，都能够取得不错的业绩。他总是和客户这样说：

"先生，这种引擎的敞篷车在本地是绝不会超过10辆的，而且，厂里面已经不再生产了，错过了这次机会的话，以后想买，恐怕也买不到了。"

"这种厨具就剩下两套了，而另一套您肯定是不会选择的，因为它的颜色是大红色，很不适合您，所以我觉得这套厨具非您莫属。"

"您也许应该考虑一下多买一些，最近这种商品很畅销的，工厂已经积压了一大堆订单，我不敢跟您保证下次再来的时候还会有货。"

这样的说辞无疑是十分有效的，客户在其影响下，为了使自己不至于因为买不到而后悔，总是会果断地做出选择，先将自己喜欢的商品占为己有，这样才能够安心。

这就是杰克的成功之处。

数量有限的信息确实会对消费者的购买决策产生影响。因此，如果销售人员能够将这种策略合理地应用到销售过程中，则会有效地促进销售。当销售人员发现客户对某种商品很感兴趣的时候，如果能够对其进行巧妙地引导，在说明商品质量可靠、价格实惠的同时，不妨再加上这样一个善意的提醒："这款商品刚刚卖出去一套，这恐怕是我们这里的最后一套了，机不可失，如果错过了，就需要等到下个月再来了。"客户听到这种话，往往会在害怕买不到的心理作用下，迅速地做出决定，先买回家再说，不能让别人抢了先。因为拥有它的机会变少了，而其对客户的重要性就相对提高了。

销售人员小汪在销售某种高档工艺品时，因为善于营造卖方市场氛围，调动起客户"怕买不到"的心理，结果其产品不仅卖得快，而且价钱卖得高。

在向客户销售产品时，小汪总是不忘向客户强调："我们公司总共才生产了1 000套产品。在未上市前，就有很多客户预订了一些。现在，已经剩下不多了。这是我们公司发出的最后一套产品，其余有少量产品是留着做纪念的。我很有幸向你介绍这最后的一套产品。你可以考虑一下，自己究竟需不需要。

要真心需要的话，给一个合适的价格，我就把产品卖给你。否则，过了这个村就没有这个店了，以后想买都买不到了！"

有些客户认为，小汪是在故意制造卖方市场气氛，开始并没有过多的在意。不过，小汪转身就走，摆出一副不愁买主的架势，结果那些有购买意向的客户很快意识到小汪不是在跟他们玩虚的，这样的工艺品今后可能真的买不到了，便不再犹豫，赶快与他签下订单，买下产品。

在销售过程中，销售人员也应从中得到一些启发。为了争取到更多更有分量的订单，销售人员适当地制造一些让客户"买不到"的氛围，给客户制造一些"购买产品的最后机会"，往往更有利于争取到订单。例如，在销售过程中，销售人员可对客户说："这种产品只剩最后一个了，短期内不再进货，你不买就没有了。"或说："今天是优惠价的截止日，请把握良机，明天你就买不到这种折扣价的产品了。"一些有购买意向的、尚在犹豫的客户听到此话时，往往会下决心购买，并迅速签单。

机不可失，时不再来。在销售领域中，这种利用"怕买不到"的心理促成订单的方法叫做最后机会成交法。这种销售技巧是通过缩小选择的时空来促成订单的。上面提到的几个事例，都是这种成交技巧的巧妙应用，销售人员可以从中得到不少启示。

不过，销售人员利用客户"怕买不到"心理，制造"成交的最后机会"时，需要注意以下三个问题，否则就很难起到促成订单的效果。

1. 要让客户确实感觉到这是最后的机会。要想争取到订单，销售人员不管推销的产品是否是绝无仅有的产品，都应该让客户切实感觉到这是最后的购买机会。只有这样，才能促使客户尽快做出购买决定，迅速签单。

2. 要把握准客户的心理。如果客户本身对产品的兴趣并不大，采用这种技巧来促成订单显然是无效的，因为即使真的是最后的机会，买和不买对他的影响都不会太大。因此，销售人员只有把准客户对产品有浓厚兴趣、志在必得时，才能够运用这种最后机会成交法。

3. 不要用语言恐吓客户。有些销售人员在使用最后机会成交法促成订单时，往往喜欢使用一些语言恐吓客户，例如"再不购买就没了"等话。这类话，销售人员不是不能说，而是要少说，因为说多了容易让客户感到厌烦，从而产生抵触情绪。因此，在使用最后机会成交法时，销售人员不要用语言恐吓客户，而要明确告诉客户购买该产品的机会不多就行了。

在销售过程中，最后机会成交法是一种奇妙的技巧。销售人员只要抓住了机会，巧妙地营造卖方市场的氛围，让客户感觉到"购买产品是最后的机会"，往往容易引导客户迅速签订订单。在销售过程中，销售人员一定要仔细体会最后机会成交法，从中找到争取订单的秘诀。

猜透客户的贪便宜心理

有人做过这样的实验：

首先采集第一组实验数据，实验人员在大学的校园食堂为学生们提供两种包装的饮料，易拉罐包装的可口可乐，每听售价3元，另外提供一种用小纸杯盛放的散装本地汽水，每杯售价1元，然后实验人员记录学生们的选择情况。据实验统计，有79%的学生在午餐购买饮料时选择了品质更好的罐装可口可乐，只有21%的学生选择了那种虽然便宜但看起来品质明显要差一些的杯装汽水。

第二组实验开始了，罐装可口可乐的价格降到了每听2元，而杯装汽水为免费提供，对经济效用而言，两者是完全相当的，学生们无论选择哪一种饮料，所节省的钱都是1元。但选择的结果却和上一次的统计发生了根本性的变化，超过90%的人选择了喝免费的杯装汽水，而放弃购买品质更好的可口可乐。仅仅是因为免费的缘故，让大部分人放弃了原来对品质的重视，而改为接受散装饮料。

再接着，罐装可乐的价格被调整为1.5元，纸杯装汽水仍然免费提供，这一次情形没有发生大的改变，大部分人仍然钟情于免费饮料，即便买罐装可乐所能得到的经济效用更高。

追求物有所值、物美价廉是消费者普遍的心理，贪图便宜是消费者的本性。销售人群中流传着这样一句话：客户要的不是便宜，而是要感到占了便宜；客户不是要便宜的商品，而是要让他占了便宜的商品。占便宜是一种心理上的感觉，销售员要学会满足客户的这种心理需求，让客户有了占便宜的感觉，客户就容易购买你的产品。

销售的本质就是让客户有一种占便宜的感觉，没有什么能比优惠、便宜、免费更能引起客户的注意，激起客户的兴趣。销售高手总能利用人们的这种心理，找出借口卖出东西，并让客户觉得占了便宜。

有的销售人员为了让销售额增加，推出一些免费体验服务，或者找出一些免费的东西来作为招徕客户的噱头。

在一次规模宏大的玩具展览会中，C玩具公司不幸被安排在展览会馆最偏僻的8楼，由于地方偏僻，人们不愿意上那么高的地方，C公司的玩具参展一个星期也没几个人来看一眼。C公司的负责人急中生智，在第二个星期一的早晨，他就在展会一进门的地方撒下一些别致的名片，名片的背面写着"持有这张名片可以到8楼C玩具公司领取玩具1个"。仅半天的时间，8

楼就被人们围得水泄不通，这种状况一直维持到C公司参展结束。C公司在这次展览会中，以给人优惠的方法把营业额提到了最高。

C公司之所以取得了高营业额，原因就在于它抓住了人们想得到优惠的心理，以小恩惠为公司带来了大利益。销售人员很多，但真正懂得抓住客户心理的销售人员并不多，如果想做一个成功的销售人员，你就得学会利用人们的各种购买心理达到销售的目的。

优惠说到底是一种手段，其本质是用小利益换来大客户。当然，在优惠的同时，还要给客户占便宜的感觉。

在销售过程中，应学会将产品的利益用数字具体说明，不要用"节省""便宜""赚钱""降低成本"等概念来介绍产品，要用具体的数字。比如说，告诉产品便宜，究竟便宜多少钱，也只需要算笔账。清清楚楚、实实在在的几个数字就足以打动客户。例如：

"张先生，您算一算，我们第一年、第二年的贷款利率足足低了3％和2.15％。以您现在还有320万元的余额计算，我们第一年就可以帮您省下10万元，第二年还能省6.48万元，两年加起来就已经帮您省了16.48万元。"

"我们净水机的价格是很经济合算的。您算一下，一般的品牌每半年就要换两支滤芯，每次收费5 000元，5年就要5万元；而使用我们的机器，您5年才需要1.25万元。所以，我们机器的价格虽然是6 000元，但是，这样算一算您还是省了3.75万元，不是吗？"

一个销售网络广告的销售人员要客户在网上放广告。客户问他，在网上放广告我能得到什么好处？销售人员就给他算了一笔账：投资1 450元投放一个广告，每天至少产生100个以上的访问，以500天计算，每个访客成本为3分钱。以每30个人中有1个人成交计算，每天能赚多少钱呢？于是，客户签单了。

"便宜"是客户把同类商品比较后得出的一种自我判断，消费者不仅想占便宜，还希望"独占"，销售人员可以利用客户这种想独占便宜的心理，学会满足客户的这种心理需求，而不是一定要把产品卖出低价。例如："今天刚开张，图个吉利，按进货价卖给你算了！""这是最后一件，按清仓价卖给你！""马上要下班了，一分钱不赚卖给你！"便宜都让一人独占了，这么便宜，有谁不会心动呢？

猜透客户的从众心理

客户在购买产品时，往往不愿意尝试冒险。凡是没经别人试用过的新产品，客户一般都持有怀疑态度，不敢轻易选用。

而对于大家认可的产品，他们则容易信任和喜欢。尤其是看到大家抢购某种产品时，他们往往会表现出非常强烈的购买欲望，也会跟着去抢购，这是一种从众心理。在销售中，销售人员要想促成客户购买签单，利用这种从众心理促成订单，也是一种不错的选择。

"从众"是一种比较普遍的社会心理行为和现象，也就是人们常说的"人云亦云""随大流"。大家都这么认为，我也就这么认为；大家都这么做，我也就跟着这么做。从众心理在消费过程中是十分常见的。因为人们一般都喜欢"凑热闹"，当看到别人成群结队、争先恐后购买某种商品时，也会毫不犹豫地加入其中。

在销售过程中，销售人员也可以运用客户的从众心理，促使客户下定决心购买产品，从而获得订单。一些成功的销售人员在争取客户的订单时，往往就喜欢利用这种技巧促使客户下决心签单。

一位销售人员在向一家公司推销产品时，看到对方迟迟不肯签单，就说："贵公司旁边的政府大楼使用的就是我们公司的产品。他们最初只是购买了一小部分产品。后来，他们觉得我们公司的产品非常放心可靠，又相继购买了一些产品。到现在，他们与我们公司已经建立了5年的长期合作关系。只要他们有这方面的需要，都会与我们公司联系，我们也会以最快的速度为他们提供最满意的服务。贵公司也可以先购买一小部分产品，如果觉得满意咱们就增加合同分量，您觉得怎么样？"

那家公司的负责人听了这话，想了一会儿就与销售人员签订了单子，从他们公司购进了一小批货。

在购买产品时，许多人都不愿意"第一个吃螃蟹"，他们往往在看到别人购买后才会放心购买。对此，销售人员何不利用他们的从众心理，向他们展示"别人已经买了"或"别人已经信任我了"呢？

一名销售人员在向一供货商推销产品时，由于是首次与该代理商合作，代理商对其产品有疑虑，虽然想进货，但是迟迟不愿意与该销售人员签单。此时，销售人员就对代理商说："您一定知道甲公司一向对供货商要求严格吧，我们公司就是甲公司的供货商。甲公司经过很长一段时间的考察，最终选择了与我们公司进行合作。现在，我们已经与甲公司合作5年了，这次虽然是第一次与贵公司合作，不过我相信我们以后肯定也会保持长期合作的关系的。"

结果，代理商与销售人员签订了合同，购进了一批货。

销售人员适时地向客户展示"别人已经买了""别人已经信任了我"是促使陌生的客户信任自己，说服陌生客户购买产品，签订订单的有效技巧。在销售过程中，销售人员使用这种技巧，往往比较容易突破客户的警戒心理，最终说服客户下定决心签单。

小王是某病毒防火墙公司的销售经理。公司今年分配的销售任务大幅增加。小王感到压力非常大。去年，小王在政府行业中了几个标。今年，政府行业的单子应该问题不大。但是，要完成任务，还必须开拓新的市场。为此，小王决定开拓教育行业的市场。

不久，小王从一个代理商那里得知A大学准备进行网络升级和改造，病毒防火墙就是其中的一项。小王认为打入教育行业市场的机会到来了，便直接去找代理商老李。

但是，了解到具体情况后，小王才发现事情并没那么简单。老李说，A大学对产品的质量和性能要求都十分高，而且目前已经有几家国外知名病毒防火墙厂商介入了这个单子，竞争十分激烈。小王虽然对自己公司的产品十分有信心，但是考虑到本公司产品在教育行业的市场上还没有成功的案例，在竞争中很难取得用户的信任。

果然，在与A大学的负责人面谈时，对方就对小王公司产品在教育行业市场上成功的案例太少提出了质疑。无论小王如何努力争取，对方就是不信任其产品。

为了此事，小王想了很久，也没有找出说服用户的办法。正在他苦恼时，某位使用该公司软件的客户给小王打来电话反馈使用信息。小王见客户的反馈情况良好，便灵机一动，想出了一个办法。小王请示老总后，便将公司的软件送给A大学试用，并附带给了以前客户的联系方式。

开始，A大学婉言谢绝试用。但是，经过一番公关和其他一些老客户的介绍后，A大学最终同意了试用产品。过了不久，一些学校的电脑系统感染了震荡波病毒，而A大学的电脑却安然无恙。经过实践证明，小王公司的电脑软件无论是在服务和产品质量方面都是非常可靠的。A大学决定一次性购买一大批软件。小王由此获得了一张价值不菲的大订单。

由于小王给A大学提供了优质的服务，更由于公司产品的出色表现，A大学的相关负责人不仅非常信任小王的公司，而且还在一次教育行业的信息化交流会上作为使用者向其他学校大力推荐其公司的产品。通过A大学这个"证人"的推荐，小王又获得了许多订单。

客户在购买一种新产品，或者是自己不了解的产品时，往往心存疑虑，害怕买错了产品，或者怕被销售人员骗了。此时，无论销售人员怎么介绍和解释，都很难获得他们的信任。而此时，一旦他们听说有人使用过这种产品，而且效果不错的话，他们就会改变对产品的看法，转而信任产品。

某位客户要购买燃油锅炉。一些销售人员闻讯后，都纷纷来向客户介绍自己公司的产品。这让客户感到很为难，自己以前没有与这些公司打过交道，究竟信任谁呢？

这时，有一位销售人员在他的产品介绍材料里面夹了一份有关客户联系方式的单子。其中，有一个就是客户的邻居，而且还是为人不错的邻居。于是，客户就拨打了邻居的电话。

结果，邻居说该公司的产品还可以，销售人员也值得信任。于是，客户就信任了这位销售人员，并购买了这家公司的锅炉。这位销售人员凭着一个有力的"证人"赢得了这张订单。

在销售过程中，从众成交法可以减轻客户对风险的担心，尤其是新客户，大家都买了，我也买，可以增强客户的信心。销售人员利用此法，往往能够较为容易地促成交易。但是，销售人员在利用客户的从众心理时，也要注意几个问题，以保证取得良好的效果。

1. 所举案例必须实事求是。在销售过程中，销售人员要想引导客户的从众心理，所举的案例一定要真实，既不要用谎言编造曾经购买的客户，也不要夸大那些老客户的购买数量。否则，销售人员列举的案例不真实，就很可能被揭穿，永远失去成交的机会，不但不可能从客户那里获得订单，而且还会让客户产生被欺骗和愚弄的感觉。这种感觉不仅会严重影响客户对销售人员及公司的印象，而且这种不良印象还可能会被这些客户利用各种途径影响其他更多的客户。因此，销售人员必须列举实际发生的成功案例去引导和说服客户的从众心理，否则就是自砸招牌。

2. 尽可能以影响大的老客户作为列举对象。客户虽然有从众心理，但是如果销售人员列举的成功例子不具有足够的说服力，那么客户通常是不会为之所动的。所以，销售人员如果想要成功利用客户的从众心理争取到订单，实现成交，那么就要尽可能选择那些影响大的、客户熟悉的、比较具有权威性的老客户作为列举对象。否则，客户的从众心理很难被激发出来。

3. 面对太有个性的客户，不要轻易使用此法。现代社会是一个崇尚个性化的社会，人们在从众的同时，也存在一股"叛逆"心理。在销售过程中，销售人员也会发现有些有个性的客户对从众不屑一顾，喜欢追求与众不同。因此，销售人员发现客户是很有个性的人时，就不要轻易使用此法，因为这样做很容易引起客户的反从众心理。别人要买，别人是别人，跟我无关。

总之，从众是一种非常普遍的社会心理和行为现象。在销售过程中，销售人员只要善于巧妙运用，往往能够促成客户下定决心签单，并源源不断地为自己争取到订单。因此，这种技巧很值得广大销售人员学习和借鉴。

第3章

捕捉客户的兴趣点，轻松与客户达成共识

销售工作的对象是人，聪明的销售员要善于审时度势，尽量避免正面推销，而应该巧妙地从对方感兴趣的话题切入，从而迅速接近客户，打开销售工作的局面。

善于发现客户的兴趣

只有那些能引起客户兴趣的话题才可能使整个销售沟通充满生机。客户一般情况下是不会马上对你的产品或企业产生兴趣的，这需要销售人员在最短时间之内找到客户感兴趣的话题，然后再伺机引出自己的销售目的。比如，销售人员可以首先从客户的工作、孩子和家庭以及重大新闻时事等谈起，以此活跃沟通气氛、增加客户对你的好感。

通常情况下，销售人员可以通过以下话题引起客户的

兴趣：

1. 提起客户的主要爱好，如体育运动、娱乐休闲方式等；

2. 谈论客户的工作，如客户在工作上曾经取得的成就或将来的美好前途等；

3. 谈论时事新闻，如每天早上迅速浏览一遍报纸，等与客户沟通时把了解到的重大新闻拿来与客户谈论；

4. 询问客户的孩子或父母的信息，如孩子几岁了、上学的情况、父母的身体是否健康等；

5. 谈论时下大众比较关心的焦点问题，如房地产是否涨价、如何节约能源等；

6. 和客户一起怀旧，比如提起客户的故乡或者最令其回味的往事等；

7. 谈论客户的身体，如提醒客户注意自己和家人身体的保养等。

对于客户十分感兴趣的话题，销售人员可以通过巧妙地询问和认真地观察与分析进行了解，然后引入共同话题。因此，在与客户进行销售沟通之前，销售人员十分有必要花费一定的时间和精力对客户的特殊喜好和品位等进行研究，这样在沟通过程中才能有的放矢。例如：

某公司的汽车销售人员小马，在一次大型汽车展示会上结识了一位潜在客户。通过对潜在客户言行举止的观察，小马分析这位客户对越野型汽车十分感兴趣，而且其品位极高。虽然小马将本公司的产品手册交到了客户手中，可是这位潜在客户一直没给小马任何回复，小马曾经有两次试着打电话联系，客户都说自己工作很忙，周末则要和朋友一起到郊外的射击场射击。

后来又经过多方打听，小马得知这位客户酷爱射击。于是，小马上网查找了大量有关射击的资料，一个星期之后，小马不仅对周边地区所有著名的射击场了如指掌，而且还掌握了一些射击的基本功。再一次打电话时，小马对销售汽车的事情只字不提，只是告诉客户自己无意中发现了一家设施特别齐全、环境十分优美的射击场。下一个周末，小马很顺利地在那家射击场见到了客户。小马对射击知识的了解让那位客户迅速对其刮目相看，他大叹自己"找到了知音"。在返回市里的路上，客户主动表示自己喜欢驾驶装饰豪华的越野型汽车，小马告诉客户："我们公司正好刚刚上市一款新型豪华型越野汽车，这是目前市场上最有个性和最能体现品位的汽车。"

一场有着良好开端的销售沟通就这样形成了。

在寻找客户感兴趣的话题时，销售人员要特别注意一点：要想使客户对某种话题感兴趣，你最好对这种话题同样感兴趣。因为整个沟通过程必须是互动的，否则就无法实现具体的销售目标。

如果只有客户一方对某种话题感兴趣，而你却表现得兴趣索然，或者内心排斥却故意表现出喜欢的样子，那客户的谈话热情和积极性马上就会被冷却，这是很难达到良好沟通效果的。客户兴趣的激发，源于平时的积累，将平时的积累作为话题，引起客户兴趣，然后采用提问的方式，对客户进行心理攻势，这样的推销，才能达到一锤定音的效果。

所以，销售人员应该在平时多培养一些兴趣，多积累各方面的知识，至少应该培养一些比较符合大众口味的兴趣，比如体育运动和一些积极的娱乐方式等。这样，等到与客户沟通时就不至于捉襟见肘，也不至于使客户感到与你的沟通淡而无味了。

投其所好，打动客户

客户是因为需求而产生购买的，要想让你的客户购买你的商品，你必须了解他的需求，并能投其所好，让他知道你的产品为什么能够满足他的需求，这样才能打动客户。

具体到不同的人身上，人们的需求可能会因为社会地位、职业特点而有所不同。这就需要销售人员懂得观察和分析客户，了解他对这个产品的具体需求是什么，然后再有的放矢地告诉客户，你的产品恰恰能满足他的这种需求。

有一位汽车销售人员为客户推荐一辆豪华轿车，他引导客户从不同的角度观看车的款式，让客户看到汽车造型是多么气派，他请客户坐在车上感受车子的宽敞、舒适及豪华，他还拿出几位商场知名人士签下的订购合约，给这位客户过目。

就这样，他们很快开始谈到车子的价格及交车的手续。不一会儿，客户就签下了一辆近120万元车子的合约。

这么大的一笔交易，为什么销售人员这么快就说服了客户呢？因为他知道，具有如此高收入的客户，一般自己并不亲自开车，往往拥有专职的私人司机，客户本人对车子并不是很了解，他需求的重点只有两个字——气派。因此，销售员只针对"气派"这个诉求进行说服，结果很快与客户成交。

同样是汽车，如果是销售价位不高的普通家用型轿车，在对客户进行推销时，用这个策略就可能不会成功了。

因为购买家庭经济型轿车的人，首先重视的是经济、实用，此外根据个人爱好不同，对外形或附加功能也有不同的需求。这时，销售人员就要把重点放在经济和实用的特征上面，然后根据客户的个人特点，突出自己产品的某种特色，从而打动客户。

也就是说，销售人员在推销的时候，要根据客户身份、背景、特点的不同，分析他们可能的需求重点，然后把自己产品能够满足他需求的特性重点强调出来，这样才能有效地打动客户，使之产生兴趣继而决定购买。

销售人员在向企业推销的时候，也要根据拜访的对象不同，分析他们各自不同的需求，从而采取不同的说服策略。

比如，一位销售人员拜访一位老板，试图卖给他一些电脑和软件以改善他们公司的会计职能，这位老板很可能缺乏兴致。因为老板一般最关心的是盈利，而他的思维往往不会将会计和盈利直接联系起来。卖这种东西，销售人员可能找错了对象。

你要了解公司里不同部门的人关心的是什么。如果你和公司老板讲话，那么他想要的则是改进盈亏平衡点。如果你和一位行政负责人谈，他最关心的不是别的，而是降低成本。如果你和一个搞市场或销售的人谈，他们最感兴趣的是增加销售和随之带来的收入。

假设你在推销一套销售培训系统，并在与一位销售经理谈此事，你的介绍应该全部放在改善销售业绩，而不是改善盈利上。因为销售经理不是靠利润，而是靠全体销售人员的业绩而受到好评的。

总之，向企业里的人员销售产品或服务，关键是提出的问题要与这个人做什么和对什么后果负责有关。你需要知道，他的工作的主要绩效指标是什么？他因为什么而领到工资？他应为公司谋取什么样的成果？他的上级对他的评价方式是什么？就是说，你的推介应该集中在这位客户自身能享受到的"特定"的好处上，而不是一些"笼统"的好处上。

关于客户的需求，作为销售人员还要知道：不同种类的产品，其客户往往具有不同的需求。

每一个行业销售的商品，都有一些最能打动客户的诉求重点，销售人员顺着这些重点去介绍，才能收到事半功倍的效果。例如，客户选择货品运输服务时，最关心的是货品能否安全、准确无误地到达目的地，因此运输业的销售人员向客户展示时应该朝着安全、准确无误的方向去说服。

下面我们针对生活中几种常见的产品，分析一下它们各自的客户都有哪些需求。

1. 房产购买需求

（1）投资：购买房屋可以保值、增值。

（2）方便：上班、上学、购物的方便性。

（3）居住品质：空气新鲜、环境安静。

（4）安全：保安设施、大楼管理员配置、住户都有一定水准。

（5）社会地位：附近都是政界、商界名流居住，能代表个人的社会地位。

具体到个人，购买房子的动机也许不一定一样。例如，有的因为上班方便，必须居住在都市；有的只想有一间房屋能住就好，不在乎地点；有的追求较有品味的居家环境；有的想显示身份地位等。对这些需求都要区别对待。

2. 生产设备购买需求

（1）生产率：生产设备的购置是理性的行为，生产率的高低是选购的关键。

（2）投资报酬率：生产率再高，如果市场需求没那么大，也会影响投资报酬率。因此投资报酬的高低及风险也是一项重要的指标。

（3）稳定性：生产线上的主管最关心生产设备的稳定性，因为他们要对每日的产量负责，生产设备不稳定会直接影响他们的绩效。

3. 办公机器购买需求

（1）操作性：操作起来是否方便，是否需要专人，都是影响办公效率的重点。

（2）体积大小：目前办公室的租金都非常贵，几乎各个办公室都缺乏足够的空间，因此体积过大的办公机器不太受欢迎。

（3）办公合理化：办公机器就是要提升公务处理的效率及促进合理化，因此效率及合理性是办公机器的诉求重点。

（4）功能、价格及实用性：功能多固然是卖点，但功能过多却往往大部分用不到，只会增加成本，这样卖点就成了弱点。因此，功能要实用，而不一定要多。

4.玩具购买需求

（1）教育性：具有某种启发教育意义。

（2）安全性：不会让小朋友受到意外伤害。

（3）好玩：要好玩才能玩得久。

一般来说，比较"理性"的产品，如建材、电脑、测量仪器、模具等产品，展示的大方向在于能否充分地提供咨询服务，解决客户的问题；而其他如化妆品、保健食品、美容健身等，是比较"感性"的产品，其诉求的大方向，往往是要描绘一个充满希望的愿景，以打动客户。

寻找共同话题来接近客户

销售人员的推销工作通常是以各种商谈的形式来进行的，如果客户对销售人员的话题没有什么兴趣的话，那么，双方之间的会谈也就会变得索然无味，难以达到预计的效果。

销售人员要想迅速地接近客户，与客户建立良好的人际关系，就要尽早找出双方共同感兴趣的话题，在拜访之前先收集信息与资料，尤其是在第一次拜访时，事前的准备工作一定要充分。

在初次接近客户时，恰当的询问是必不可少的，销售人员在不断的发问中，就能相对容易地发现客户的兴趣所在。

例如，当看到对方的阳台上有很多的盆栽，你就可以问："您对盆栽很感兴趣吧？近日花市正在举办花展，不知道您去看过没有？"

看到对方的高尔夫球具、溜冰鞋、钓竿、围棋或象棋等，同样都可以拿来作为话题。当然，天气、季节和新闻也都是很好的话题，但是如果对方对此反应冷淡，那么很快就会陷入尴尬的沉默状态。所以，这就要求销售人员平时要注意积累，要有广泛的知识面，以能够轻松地应对各种各样的客户。

谈论客户感兴趣的话题，可以使双方的会谈气氛较为缓和，接着再进入主题，效果往往会比一开始就立刻进入主题要好得多。

杜维诺先生经营着一家高级面包公司——杜维诺父子面包公司。他特别想把自己公司生产的面包推销到纽约的一家大饭店。他为此付出了巨大的努力。4年来，他不知道给该饭店的经理打过了多少次的电话，并且还去参加了由该经理组织的社交聚会。他甚至一度在该饭店住了下来，以便做成这笔生意。但是，杜维诺的所有努力都未能收到成效。因为，饭店的经理很难接触，他压根就没有把心思放在杜维诺父子面包公司的产品上。

杜维诺百思不得其解，后来，经过长期的思索与观察，他终于找到了症结所在。于是，他决定立即改变接近对方的策略，转而去寻找这位经理感兴趣的东西，以找出双方共同感兴趣的话题。

经过一番调查与分析，杜维诺发现该经理是一个名叫"美国旅馆招待者"组织的骨干成员，而且最近还被当选为主席，他对这个组织倾注了极大的热情。不论该组织在什么地方举行活动，他都一定到场。得到这一信息后，杜维诺详细研究了这个组织的相关信息。

第二天，当杜维诺再见到这位经理时，就开始大谈特谈"美国旅馆招待者"组织，这一下杜维诺算是准确地找到方向了，对方也滔滔不绝地跟杜维诺交谈起来。当然，话题都是有关这个组织的。在结束谈话时，杜维诺还得到了一张该组织的会员证。他虽然在这次会面中并未提推销面包之事，但没过几天，那家饭店的厨师就打来了电话，让杜维诺赶快把面包样品和价格表送过去。

"我真不知道你对我们那位经理先生动了什么手脚。"厨师在电话里说，"他可是个难以说服的人。"

"想想看吧，我整整缠了他 4 年，还为此租了你们饭店的房间。为了得到这笔生意，我想尽了办法。"杜维诺感慨地说，"不过感谢上帝，我找出了他的兴趣所在，知道了他喜欢听什么内容的话，总算接近了这个难缠的人。"

销售工作的对象是人，而那些聪明的销售员总会审时度势，有时候会巧妙地避免正面推销，从对方感兴趣的话题切入，从而迅速接近客户，并打开销售工作的局面。

借助一些细节暗示调动客户的兴趣

在推销商品时，有时需要很明白地向客户讲解、说明商品的性能、特征等，让客户能明了商品的大概性质，从整体上对商品有个大致的了解，使客户做到对你的商品心中有数，它将会给自己带来什么便利，或买了它，生活是否会变得更轻松愉快，或者是它究竟值不值得买，花这么多钱是否有所收益。这些问题在客户心中有底了，答案在客户脑中形成后，交易就会呈现出好彩头，起码他初步决定要买了。这之后就是一些小问题了，双方可以有商量的余地。

在很多时候，还有一种方法也能达到明显的效果，让客户对商品感兴趣，产生一种莫名的好感，有时会远远胜于直截了当地跟客户讲解所产生的效果。

当你推销音响时，向客户介绍音响的外表、样式、放音效果、出产地等，千万不要猛地调转机上的旋钮开关，也不要用力地敲打机壳，而应该小心谨慎地试开机器，让客户觉得这音响是那么的贵重和值得珍惜，这样就在无形中给了客户一种感觉："这东西一定不错。"

在这个例子中，虽然你试开机器时，可以像平常一样大力地操作，这样对机器也不会有太大的损耗，但如若你能注意你的各个动作，细心谨慎地开机、调机，在客户心中产生的印象将大不一样。后者可以向客户暗示你机器的价值，让他不知不觉地感觉到机器的价值，而这种感觉一旦在客户心里形成，对你的推销将是大有裨益的。

除了这种在推销过程中动作、态度的暗示外，还有一种向客户暗示商品价值的方法，那就是包装好商品，把商品打扮得漂亮一点。

商品的包装不仅能吸引客户的注意力，引发客户的兴趣，更能燃起客户的购买欲望，而且一个好的包装还能向客户暗示商品的内在价值。只有一个有较高内在价值或制作精美的商品，才需配上精美的外包装，这样才能做到表里如一，才能把商品的内在价值表现得更完善、更丰富。因此，在你推销商品时，也需要把你的商品装饰打扮一番，即使是一些不起眼、价格不贵的小东西，让它既能吸引客户的注意，又能在客户心中产生这样一种感觉：这东西包装得这么好，它的品质一定不错。应该仔细瞧瞧，不要错过了这次机会。

诸如此类的暗示法还有好多，需要在实际推销过程中根据实际情况灵活应用。再加上详细的商品介绍和细心地回答客户提出的各种问题，就能让客户真正喜欢商品，愿意成交。这种方法如果运用得适当，能恰到好处地表现商品的价值，也能让客户感觉到商品的内在价值，那么你的商品就不怕推销不出去了。

将客户的兴趣转化为购买欲望

欲望是人们满足需要的愿望，是一种积极的、能转化为动机和行为的情感和心理定势。激发客户的购买欲望是指销售员通过销售活动，在激起客户对某产品（或销售员所在的公司）的兴趣后，努力使客户的心理产生不平衡，产生对感兴趣的产品持积极肯定的心理定势与强烈拥有的愿望，从而导致购买行为。

一般客户产生兴趣后，兴趣就会很快转化为购买欲望，这是因为：

第一，产品的功能能满足客户的需要。这是客户产生购买欲望的根本。

第二，销售员能满足客户对购买方式的选择。客户在对产品感兴趣的同时，会对购买方式产生选择的需要，如购买的安全感、方便与否、售后服务是否良好、方便等，销售员在这方面是有优势的，销售员在宣传时如能恰到好处地指出来，客户就会很快产生购买行为。

第三，销售员能满足客户购买的情感需要。购买欲望大多来自情感，而不是理智，或者说在购买行为中，总是情感的选择大于理智的选择。美国有一个推销保险的大师，曾一年推销10亿美元的人寿保险。他认为推销98％是人情，是销售员对人情的理解，2％才是销售员对产品知识的理解。销售员常常创造出许多有感情色彩的销售环境，将有利于客户产生购买欲望。

第四，销售员充分说理，并提供大量信息。这些都可以使客户不断强化与维持购买欲望。情感只是一个心理过程，随着时间的推移，会过去和消失，只有信息与道理才能加深理解，并使已形成的购买欲望向行为转化，而不是相反。

当然，销售员的优势只是向客户提供了转化兴趣为欲望的可能，真正的转化还需要销售员的努力，下面介绍几种方法：

方法一：在客户产生兴趣后要及时检验其对销售员及产品的认识程度，如询问有否不明白、不理解的地方，有否需进一步示范及说明的地方。如果有，要及时解释、示范与说明。

方法二：了解到客户尚有担忧与疑虑后，要进行反复的解释。

方法三：强化情感。如发现客户对销售员、对销售员所在的公司及销售的产品仍有不信任与疑虑之处，则更要继续做好以诚待人、以情感人、以理服人、以利动人的工作，努力改变客户的态度，要始终坚信"精诚所至，金石为开"。

方法四：多方诱导。客户在形成购买行为前总是会多方权衡利弊得失的，如果我们能有针对性地进行多方诱导，让客户意识到拥有产品的多方利益时，客户就会产生强烈的购买欲望。

在诱导时要注意，既不要讲"过去"，也不要谈"现在"，而要大说特说"将来"。只有美好的"将来"才是激起客户购买欲望的主要原因。

第 4 章
为客户着想，站在客户的立场说话

当销售员能够为客户提供有价值的信息时，客户就会为销售员着想。无论何时，要获得对方的认同，就要先为对方着想，关心对方的利益，只有如此，销售员和客户才能成为最佳的合作伙伴，获得双赢。

客户才是销售员真正的上司

不管你从事什么职业，首先你要让你的上司信服你。销售员的工作就是为自己工作，不要误认为是帮公司打工。一个销售员没有上司，如果有的话，上司只能是客户。

那么，一个从事业务的人员如何能让"上司"信服呢？

王平曾经拜访一位退役军人，军人有军人的脾气，说一不二，刚正而固执。讲再多也是白费口舌。所以，王平直截了当地对他说："保险是生活不可缺少的保障。"

"年轻人的确需要保险，我就不同了，不但老了，还没有子女，所以不需要投保。"

"您这种观念有偏差，就是因为您没有子女，我才热心地劝您参加保险。"

"道理何在呢？"军人用刚正的语气反问。

"没有什么特别的理由。"

王平的答复出乎军人的意料，他露出诧异的神情。

"哼，要是你能说出令我信服的理由，我就投保。"

王平故意压低音调说："我常听人说，一个男人，没有子女承欢膝下，并非是一生最大的遗憾。如果不善待陪伴自己一生的妻子，才可谓是人生的遗憾。您说对吗？"

王平接着说："如果有儿女的话，即使丈夫去世，儿女还能安慰伤心的母亲，尽抚养的责任。一个没有儿女的妇人，一旦丈夫去世，留给她的恐怕只有不安与忧愁。您觉得没有子女就不用投保，如果您有个万一，请问尊夫人怎么办？您赞成年轻人投保，还是无子女的老夫妇投保呢？当然，寡妇有再嫁的机会，您的情形就不同喽。"军人默不作声，一会儿说："您讲得有道理，好！我投保。"

对准客户晓之以理，动之以情，站在准客户的立场，多为准客户考虑，定能找到使对方信服的方法。

在一家电器商店里，一位年轻的售货员陪着一位中年妇女挑选洗衣机，几乎把店内所有的洗衣机都看过了，可是这位客户还是没下定决心购买。

这时，售货员不急不躁地与这位中年妇女拉起了家常，了解到她家有一个瘫痪的婆婆，买洗衣机主要是为了洗被褥，既然如此，为什么这位客户还是"举棋不定"呢？原来，这位客户认为：多少年来我靠手工搓洗也熬过来了，好不容易才积攒了这点钱，一下子花掉，值得吗？对此，售货员一面表示同情，一面在心里琢磨：看来，就洗衣机谈洗衣机已经不能促成这笔交易了。

售货员："大姐，您的小孩上学了吗？"

客户："再过两个月就上学了。"

售货员："那将来您就更忙了。既要做家务，又要辅导孩子学习，孩子初学阶段可要打好基础啊！大姐，我看这洗衣机值得买，既可以使您从繁重的家务中解放出来，又可以有更多时间来指导孩子的学习。"

这番话，终于打动了那位中年妇女，她高高兴兴地把洗衣机买走了。

这个售货员的确很会说话，她能站在客户的立场上考虑，使对方感受到她的同情和体谅，所以这位中年妇女才下定决心购买洗衣机。

客户的利益是"我们"共同的利益

做销售的真正目的并不仅仅是将产品卖出去，而要以真正帮助客户解决问题作为首要目标，这样才会把生意做大做久，你的口碑也会越来越好。

培训公司的菲菲通过朋友介绍，去拜访一家即将开业的美容整形医院。

菲菲："吕总您好！看您装修得差不多了，是快要开业了吧？"

客户："是啊，所以急着请您来为我们的员工做培训啊！您近期是否有时间为我们的员工做一到两天的培训呢？"

菲菲："时间可以调整，这个没问题，关键要看您想要达到什么效果？"

客户："我这次招来的员工素质太差了，我希望通过这一两天的培训，能够让他们焕然一新，能够拥有空姐那样的服务态度和精神面貌！"

菲菲："我明白了，不过我觉得您们做这样的培训是没用的，我不建议您做。"

客户："啊？不建议我做培训？您不是专门做培训的吗？"

菲菲："正因为我是做培训的菲菲，所以更需要提醒您，这样做是没有用的，既浪费时间又浪费金钱。"

客户："为什么呢？"

菲菲："因为一个人的习惯是很难改变的，就算进行了两天的培训，也只能保持最多两个星期的良好状态，过不了多久就又恢复原样了，那您投入的钱不都打水漂了吗？"

客户："那怎么办？"

菲菲："我建议您还是先把开业的日子顺延至少一个月，然后再重新招聘员工。从源头上抓起，筛选出一批优秀人才，最后再对这些优秀人员进行长时间的、有计划的军事化封闭培训，至少要培训一个月。在进行素质、礼仪、心态、专业知识等培训的同时，还要进行企业文化教育，让员工认同企业的价值观、理念、文化。因为假如员工对企业价值观不认同，培训了也是没用的，迟早走人。"

客户："明白了，但是我得投入多少钱啊？我们开业经费已经超支了！"

菲菲："如果您想压缩成本，那么前面投入的这几次培训费就会全部浪费，反而增加成本。如果您进行了长期有效的培训，员工发生了真正的改变，对企业才会有实实在在的帮助，这才是真正有用的投资。"

客户："好吧，那我们什么时候开始呢？"

案例中销售员站在客户角度，为对方着想，博得了客户的信任和好感。而这个案例的厉害之处在于，销售员在博得客户信任之后并没有善罢甘休，而是利用客户对自己的信任，同时运用自己的专家身份，将业务无限拓宽，从一笔小业务扩展为一笔大单子。

假设菲菲一开始就答应客户，先把一两天课程上完，钱赚到手再说，客户迟早会发现这一两天课是没用的，不但对菲菲产生负面看法，还会到处去做负面宣传，而且对培训的整个产品链产生连带的负面看法，认为培训没有用。所以从销售的角度来说，哪怕最后生意搞砸了，都是一个不错的结果。今天不做，下次可能还会有机会，而且客户会对你心存感激，从而留下良好的印象。不但未来有需求仍然会再找你，而且很可能会给你推荐客户。所以做生意不能只顾眼前利益，而要放眼未来。

站在双赢的角度向客户推销

有一位金牌汽车销售员，刚开始卖车时，老板给了他一个月的试用期。29天过去了，他一部车也没有卖出去。最后一天，他起了个大早，到各处去推销。到了下班时间，还是没有人肯订他的车，老板准备收回他的车钥匙，告诉他明天不用来公司了。

这位销售员坚持说，还没有到晚上12点，他还有机会。于是，这位销售员坐在车里继续等。

午夜时分，传来了敲门声，是一个卖锅者，身上挂满了锅，冻得浑身发抖。卖锅者看见车里有灯，想问问车主要不要买口锅。销售员看到这个家伙比自己还落魄，就请他坐到自己的车里来取暖，并递上热咖啡。

两人开始聊天，这位销售员问："如果我买了你的锅，接下来你会怎么做？"

卖锅者说："继续赶路，卖掉下一个。"

销售员又问："全部卖完以后呢？"

卖锅者说："回家再背几十只锅出来接着卖。"

销售员继续问："如果你想使自己的锅越卖越多，越卖越远，你该怎么办？"

卖锅者说："那就得考虑买部车，不过现在买不起。"

两人越聊越起劲，天亮时，这位卖锅者订了一部车，提货时间是五个月以后，订金是一口锅的钱。因为有了这张订单，销售员被老板留下来了。

他一边卖车，一边帮助卖锅者寻找市场，卖锅者生意越做越大，3个月以后，提前提走了一部送货用的车。

在考虑自身利益的同时，考虑客户的利益，只有做到互惠互利，才能把销售搞好，只有让客户有利益，你才会有利益。

贝吉尔是美国顶尖的保险销售员之一。有一次，贝吉尔去见一位准客户，这位准客户正考虑买25万美元的保险。与此同时，有10家保险公司提出了计划，参与竞争，尚不知鹿死谁手。

贝吉尔见到他时，对方应道："我已拜托一位好朋友处理此事，请把资料留下，好让我比较哪家便宜。"

"我有句话要真诚地告诉您，现在您可以把那些计划书都丢到垃圾桶里，因为保费的计算基础都是相同的起点，任何一家都是一样的。我来这里，就是帮助您做最后的决定。您的健康是最重要的。不用担心，我已帮您约好的医生是公认最权威的，他的报告每一家保险公司都接受，何况做25万美元保金的高额保险的体检，只有他才够资格。"

"我还需要考虑几天。"

"当然可以，但是您可能还会耽误几天，如果您患了感冒，时间一拖，保险公司甚至会考虑再等三四个月才予以承保……"

"哦！原来这件事有这么重要。贝吉尔先生，我还不晓得您到底代表哪家保险公司。"

"我代表客户！"

贝吉尔顺利地签下了一张25万美元的高额保险，他所凭借的利器是及时的行动和恰当的推销方法。

"我代表客户"让客户相信，贝吉尔所做的一切都是为了客户的利益。

有许多客户做事是很有耐心的，他们在把事情弄清楚之前是绝不往前踏一步的。这时候，销售员最好强调自己是与他站在同一战线上，是为他着想，代表的是他的利益。

为客户着想，拉近彼此间的距离

顺着客户的思路，站在客户的角度，见缝插针，巧言善辩，才能进行零距离的交流，探知你想要的信息。

有个玩具店的销售员，迎来了一位看上去愁眉不展的男士，他在玩具展台前瞧来瞧去，拿不定主意。销售员赶紧走过去，彬彬有礼地发出试探的信息："先生，您好，是给小孩买玩具吗？"

客户说："是的，我也不知道该买什么样的，现在的小孩真是难伺候极了。"不经意的回答，尤其是最后一句，让销售员的心里顿时兴奋起来，马上就接着客户的话题说："是呀，尤其是10岁以前的小男孩，好像什么都满足不了他，当爸爸的可真是费脑筋呢！"

"太对了！我觉得爸爸是世界上最累心的角色了！"男士

好像一下子找到情绪的发泄口，抬起头，跟销售员聊起他8岁的儿子，说他是多么的调皮，买的十几个五颜六色的气球，一会儿就扎破，给他买画册，也全给撕坏了，不管什么玩具，都玩不了几天，特别淘气。

销售员听到这里，顺势拿起一款玩具飞碟，向他推荐说："以我多年跟小孩打交道的经验看，这种飞碟一定适合您的孩子。"

她一边说，一边打开玩具飞碟的开关，拿起遥控器，熟练地操纵着，强化着自己的语气："这种玩具飞碟，玩起来特别有趣，不像气球或画册，看两眼就没意思了。您的孩子很聪明，对新鲜玩具肯定是一学就会，所以，这种操纵较为复杂的飞碟，他一定能够长时间喜欢的，这样您就不必为了寻找更新更好的玩具而费心了。而且，还可以从小培养他强烈的领导意识呢！"

介绍产品的时间用了两三分钟，言简意赅，符合这位男士的期待心理。果然，客户马上就问："多少钱？"销售员说："100元，赠送两个遥控器。"男士皱了皱眉头，犹豫地说："太贵了！"

销售员用亲和与理解的口吻，笑着说："的确，现在市场上很多同类的玩具都太贵了，在一些店里，这款玩具卖到了150元呢！孩子的玩心足，做爸爸很费心呀！每年在玩具方面的花费，就是一笔不小的数目！这样吧，价格给您降到90元，您看可以吗？"

看到销售员这么善解人意，男士爽快地答应了，买了一套玩具飞碟。在即将出门时，他转身回来，又购买了两辆遥控小汽车，留下了电话号码，并且对销售员说："谢谢你的建议，我今后一定多给他找一些耐玩且益智类的玩具，希望你也帮我留意一下，有新的玩具到货时，及时给我打电话。"

销售员认真地记下客户的电话，递上了自己的名片，最后又特意叮嘱客户："现在市场上很多玩具质量都不好，如果您从本店购买的玩具发现了质量问题，三天之内可以凭借发票无条件更换、退货。"

这位客户是缺乏耐心的爸爸，因为孩子对玩具喜新厌旧，让他不胜烦恼。销售员巧妙地抓住了他这一心理，站在他的立场上，用替他解决问题的方式，向他推荐本店合适的产品。客户此时也许已对玩具有了逆反心理，站在玩具店里不知道该买什么好，突然听到销售员这么体贴入微的话，大有同感，自然就产生了认同心理。

接下来，就是推荐产品的绝佳时机了。而且，在介绍产品的过程中，销售员时刻站在客户的角度，提醒他注意产品质量，替他说出心中的牢骚。当客户对价格不太满意时，她首先做的不是为自己产品的价格辩解，而是主动降价，并借机暗示市场上的同类产品价格极高，掌握了销售的主动权。

　　说话时投其所好，沿着客户的思路对他循循善诱，对销售产品非常有益。根据客户的口吻和说话的习惯，用心揣摩客户说话时的心情、神态，同时调整自己，用客户说话的方式和他交流，更容易打动他的心。

　　摸清客户的消费心理后，再沿着他的想法，顺藤摸瓜，将他需要的产品推荐给他。既让客户如沐春风，又卖出了产品，还会在这样的交易中，留住客户在你这儿长期消费的机会。

　　用客户说话的方式说话，就是学会跟客户交朋友，处处为他着想，理解他的心声。让客户觉得，你不仅是个销售员，还是一位愿意为他分担烦恼、解决问题的知心朋友。

掌握逆反心理，获得客户的信任

　　在推销过程中，很多销售员往往会口若悬河地夸赞自己的产品有多么好，但是现在的消费者都非常理性，很难被我们的这种自我推销说服，有时甚至会产生反感。

　　但是如果我们反其道而行之，不说产品有多好，而说自己的产品哪里有缺陷，哪里有不甚如意的地方。这样做不但不会吓跑客户，反而会引起客户的好感，因为你是实实在在地在为客户着想。客户就会自然而然地对你产生信任，哪怕真有一些瑕疵，他们都会认为这是正常的，继而从你手里购买商品。

营业员："看您很诚心，我也不想瞒您，这套热水器好是好，但它有一个小缺点，就是在您使用时，若关掉热水阀10分钟以上，主机就会自动熄火。要想打开热水，必须重新点火。"

客户："哦，我明白了，它这是为了节约能源。"

营业员："是啊，您真聪明！它就是一个节能装置，同时也是为了安全考虑，我就是怕您嫌麻烦。"

客户："这个没关系的，一般掌握好时间就可以了，洗澡时也不会关掉那么久的，冻都要冻死了，呵呵！"

营业员："是啊！我刚才已经介绍过了，这台机器其他方面都很不错的，比如出水量大、节能、数控水温等，就是这个小设计，有些客户会想不明白。"

客户："是啊，有些人可能不理解。"

营业员："就是，我这个人喜欢什么事都提前说明，要是等您回去使用后觉得不舒服，再要换啊什么的，大家都不开心，您说对不对？"

客户："是的，你很坦率呢！"

营业员："谢谢您的夸奖！请问您还有其他问题吗？"

客户："没问题了，你都解释得很清楚了。"

营业员："好的，那您是付现金还是刷卡呢？"

客户："现金好了。"

在说自己产品的某一项缺点时，千万要记住这个缺点不要是太严重而妨碍正常使用的，比如案例中所谓的"缺陷"其实就是一种省电和安全的设计。千万不要将客户最担心的问题直接暴露给客户，比如客户买燃气热水器最担心的是安全问题，而你直接就说"抱歉，我们产品最大的问题就是不够安全"，客户再理解，再认为你是在为他们着想，也断然不会买一台有安全隐患的热水器回家。

客户都喜欢勇于承担责任的人

作为一名销售人员，你的责任心就是你的信誉。你的责任心决定着你的业绩。

销售人员在与客户进行业务来往中，不可避免地会发生一些失误或其他一些意想不到的事情，而有些失误可能是客户单方面或者双方共同造成的，这时，你不妨抱着包容的心态，主动地把客户的错误揽到自己的身上，勇于承担责任。这是赢得客户的好方法。

有一位名叫克鲁斯的保险销售人员，他曾有过这样一次经历：

有一位客户在购买了克鲁斯的一份意外伤害保险后，忘记取回一张非常重要的单据。而克鲁斯在交给这位客户一叠材料的时候，已经把所有的单据都帮他整理好了，可能是这位客户在克鲁斯的办公室看完后遗漏了。于是，这张重要的单据就隐藏在克鲁斯存有一堆客户资料的文件夹里，之后被束之高阁了。

三个月之后的一天，这位客户在外出旅游时不慎摔伤，当他找到保险公司要求赔偿的时候，保险公司要他提供两张证明，否则不予赔偿，其中就有他遗忘的那张单据。

其实，在这种情况下，克鲁斯没有任何责任，他也不知道那张要命的单据就在他这里。当那位客户找到克鲁斯的时候，克鲁斯迅速和他一起寻找那张单据，他帮助客户仔细地回忆了存放单据的每一个细节，但始终找不出单据的下落。

后来，克鲁斯把存放客户资料的文件夹取出进行查找，当客户看到那张单据的时候，埋怨他不负责任，而克鲁斯却真诚地说："真对不起，是我工作的失职，没有提醒您取走这张重要的单据，差点就耽误了您的事情。"

经过了这件事情以后，克鲁斯不但没有失去这位客户，反而赢得了这位客户的信任。后来，他还为克鲁斯介绍了很多的客户。

就这件事情本身而言，显然客户是错的，是客户自己忘记拿走那张重要的单据，克鲁斯可以理直气壮地说明情况，如果这样做，能说克鲁斯错了吗？但他并没有这样做，在为客户找单据的同时甚至将客户的错误主动地揽到自己的身上。试想，客户错了的时候如果你据理力争，把客户说得哑口无言，那么即便客户认识到是自己的错误，心里会舒服吗？感觉不舒服就不会再来，其结果是你做得再对，最终失去的是客户，与销售的最终目的——通过创造客户获得经济效益是相悖的；相反，抱着尊重客户的态度，抱着"客户永远是对的"这样一种理念，以理解的方式处理客户遇到的所有问题，甚至主动把责任揽过来，达到让每一位客户满意，则与销售的最终目标是一致的。

有一个发生在雅典的真实故事。

一天下午，两位中国妇女走进了一家专门经营旅游纪念品的商店。这家商店的经营面积不小，但商品的陈列非常凌乱，店里没有一个玻璃货柜，浮雕银器、彩瓶挂盘、仿古的大理石雕像，都随意地摆在一张张木台子上。

当时，商店里没有什么人，两位中国妇女闲逛了一圈后，在就要走出店门时，其中一位大概仍然留恋某件商品吧，转身要再看一眼——就在她转身之际，她腰间的挎包将门口木台子上的一个五彩瓷瓶挂到了地上，当场摔个粉碎。若在其他商店里出现这个场面，毫无疑问，店主要坚持索赔，客户要据理力争，指责店主商品摆得不是地方。可这次不然，正当那位妇女有些不知所措的时候，店主已经走到她面前说："对不起！没吓着您吧？"那位妇女也连声道歉，问他，"要我赔吗？"店主说，"这件事情只不过告诉我，应该把东西摆在恰当的地方。请吧，欢迎您再来！"

最后的结局是这样的：那位中国妇女买走了一个古希腊的雕像。她的朋友大概也觉得这位店主可以信赖，买走了两个彩色挂盘。皆大欢喜。

为什么会出现这样的结局呢？就是因为这家店主从客户的角度去思考问题，当商品打破时，他首先想到的不是自己的利益而是客户的感受，他不认为这是客户的错，相反却检讨自己。把客户的错误主动地揽到自己的身上，正是他赢得客户的法宝。

把客户的错误主动地揽到自己的身上，是一种高级的商界处事原则和职业素养。销售人员要树立"客户永远是对的"理念，不与客户发生争吵，主动承认自己的过失，不论事实如何，都要认真处理，力求使客户满意。

第 5 章

量体裁衣因地制宜，因人说话因景说话

不同的客户有不同的性格特征，这些特征，在销售过程中需要我们读懂，并针对不同的类别采取有差异的交流方式。

对待忠厚老实型客户，要真诚以待

这类客户对待每件事都很认真谨慎，他们不会轻易决定一件事是该做还是不该做。他们对于销售员都有一种本能的防御心理，对于交易也如此，所以这类客户一般都比较犹豫不决，没有主见，不知是否该买，同样，这类客户也不会断然加以拒绝。

这类客户考虑的因素比较多，一般来说销售员很难取得他们的信任，但只要你能够诚恳地对待，他们一旦对你产生了信任，就会把一切都交给你。他们特别忠厚，你对他怎样，他也会对你怎样，甚至会超过你为他们所做的。

这类客户通常情况下很少说话，当你向他们询问问题时，他们只是"嗯""啊"几句应付你。平时听你说话，他们只是点头，总觉得别人说的都对似的，他们一般不会开口拒绝别人。

销售员可以抓住这类客户不会开口拒绝的性格特点促使他购买，只要一次购买对他有利或者觉得你没骗他，他就会一直买你的商品，因为他对你产生信任了。

反之，如果他认为这次你欺骗了他，即使你有十分好的商品他也不会理睬你，因为他认为你不值得信赖，不值得为你这种人承担一丝一毫的风险。

这类客户还有一种通病，就是有时太腼腆了，所以对他们说话要亲切，尽量消除他们的害羞心理，这样，他们才能静下心来听你销售，交易也才能更顺利。而有过第一次成功圆满的交易后，这类客户对于再一次的销售，只要销售员说上几句话，十拿九稳交易就又成功了，他们绝不会寻找理由拒绝你。

这类客户大多时候提出理由或是反对意见都会有些犹豫不决，他们会担心说出来伤害到销售员的自尊心。因此，销售员在处理他们不愿购买的理由时，一般是等到他们询问之后再有针对性地予以解决。

因此，对这些客户要尽量亲切一些，不要欺骗他们，这样在保持信誉的同时，也可以增加销售员的直接收益。

对待专家型客户，要以守为攻

现代很多推销行业，客户都多少了解一点，特别是保险。有的人一见到保险销售员就开口道："你别说了，我比你知道得多，保险的险种有很多，比如……"说得也头头是道，弄得销售员不知所措，一头雾水，继而只能扭头便走。

专家认为，这类客户自以为很伟大，就像一个上司正在作报告一样，令你毫无对策。当你向他推销产品时，他表现出一种不屑一顾的态度，总以为你懂的都在他的知识范围内；当你转移话题，将说话的内容转到谈一些层次比较高的事情时，他也不感兴趣；反正，他永远都是"专家"，有时还给你提点儿刻薄的问题，让你下不了台。

这种客户的心理有两种情况：

1. 销售员没有什么了不起

总以为对方和自己有很大的差距，因而在内心产生一种优越感。他们自认为是高一层次的人，对那些他们认为是低一等的人不屑一顾，对保险销售员更是如此。

形成这种心态可能源于非常讨厌销售员，特别是一些登门拜访的。所以他们自己以狂妄的态度来对待销售员，觉得销售员层次低。

2. 不要与这些销售员接近

高高在上的人，不容许别人谈论自己的缺点，同时也将自己的弱点深深地隐藏起来。这一类人，假装对某领域很专业，其实可能只是道听途说，以一种高姿态来对待销售员，意思是我是专家，快点走吧！我都明白，不必再介绍了。

人的气质性格与后天因素有很大关系，你所处的环境对你的性格起着很强的作用。像这一类客户害怕自己掉入你的陷阱，怕被强卖于身，所以不敢让你介绍。他们这是在防卫，不得不用某种方式来进行自我保护，但他们同时也希望能引起他人的注意，希望别人给予他很高的评价。

这一类客户，保险销售员很难对付。他们很难友好地与人交谈，更不必说与他们开开玩笑、说说俏皮话之类的。但是，如果对他们做一番仔细的研究，你会欣喜地发现，这类客户其实是最好对付的一种，只要你采取了恰当的方式。

"你别说了，我来说，你听……"

"好的，我向您请教了！"

当他说完后，你还要加以夸赞一番："哇！你对我们的产品很关注呀！"或"不错，你讲得太对了，你真是专家。"

当客户正陶醉在自大的感觉中时，你可以突然提问题：

"先生，你所知道的还有什么呢？"他可能还知道，让他接着说。当他说："我不知道了。"这时你就可以发表自己的意见了。

"那好，我站在客观的角度帮你补充几点可以吗？我觉得你对我的产品很感兴趣，应该会听的，你说是吗？"

不让对方回到现实，应继续恭维，让他继续漂在"自高自大"的潮中。

他肯定会回答说："嗯！说吧！"

这样你就算击破了他的第一道防线。

对待自命不凡型客户，要显示自己的专业

这类客户都喜欢夸夸其谈，甚至喜欢吹牛，认为自己什么都懂，别人还没说出观点，他就会打断人家说"我知道"。这种客户一般都非常令人讨厌，但销售员万万不能表露出自己的真实感受，因为对于销售员来说，销售商品、发展同盟才是最终目的。

这些客户常常是在炫耀自己，对销售员总是这样说："你们这些业务，我都清楚。""我以前见过你们这些销售员，他们一个个都从我这儿逃走了，谁也别想赚我的钱。"好一阵炫

耀，让人听了有些反感。

不过，这些客户有一个最大的优点，那就是毫不遮掩，心里有什么就说什么，你如果想探询什么消息，就可以找这些客户，他们一定会炫耀似的说给你听，并且知无不言，言无不尽。但你千万别告诉他们什么内部消息，否则这些内部消息很快就会人尽皆知！对于这类客户即使不能顺利达成交易，也千万别得罪他，也许将来探询消息时你还需要他的帮助。

这些客户时常想在别人面前炫耀自己，表现自己比别人特殊，比别人知道得多。他们难免会由于自己的过分夸张而下不了台，这时，如果你能给他一个台阶下，他们会感激你的，这对于以后你的工作大有益处。

由于这类客户比较善于表现自己，销售员在与他们交谈时，必须尽量显示出自己的专业知识，使他们对你产生敬佩。这样他就会对你产生信任感，并且交易成功率也就很大。

还有一种方法，就是根据他的这种自夸的心理，抓住他说的话，然后攻击他，使他进入你所设计的陷阱中，他为了顾全面子，会硬着头皮与你成交的。当他说对你们公司的业务很熟悉，或者他打断了你的销售介绍说明，并且说这些他都知道，也不屑看你带来的商品样品时，你可以这样对他说：

"先生，对于我们的商品，我就不说什么啦，您都知道了嘛！对于它的优点您就更熟悉了，而我们的业务您也是再熟悉不过了，看在这么优秀的商品与服务质量的面子上，您打算选取哪个品种？准备购买多少呢？"

这样一说，由于前面的话是他自己说的，他不能否定，所以为了顾全面子，他就必须考虑与你成交，否则就会感到尴尬。他连一个理由甚至都不能说，否则他就是一个出尔反尔的小人了，而他最不愿意的，就是做一个小人，他甚至自以为是地认为自己非常"君子"。

对于这种客户还有一种特别的销售方法，大致是这样的：你可以让客户觉得你把他看成一个客户的客户。你要表现出对和他成交与否漠不关心的样子，并且不时地对他说："先生，咱们成交与否，我倒不是十分在意，只是想和您交个朋友。况且，我们公司是一个很专业的公司，对于所服务的客户与产品都是有一定条件的，您不想买，大概就不符合我们公司的条件，所以成不成交无所谓，但是我们相识一场，交个朋友还是应该的。"边说边装出一副不在乎的样子。这样一来，会伤了他的自尊心，于是他为了显示自己的特殊，为了显示自己符合这些条件，他会立刻抓住你想与他交个朋友的机会，要你把商品卖给他。

见到这种客户，不要一听他说对你的业务都很熟悉，就胆怯，就不向他说你的专业知识，其实他们只不过是挖空心思在你面前炫耀罢了。他们都是纸老虎，你若怕他们，他们就更凶，就会看不起你，就不可能与你成交了，即使与你成交，他们也觉得那是对你的施舍罢了。

对待夸耀财富型客户，要满足其虚荣心

这类客户与上一类型客户类似，重点并不是夸大自己的知识面广，而是炫耀自己的财富。

这类客户有两种类型：一种是真正拥有一定的财富；另一种则不是，他们只不过崇拜金钱罢了。

第一类客户有钱，但不希望别人奉承他们，他们的主要目标是有个品质好、包装好的名牌商品。所以对这类客户要诚恳地把商品的优点告诉他们，并且对他们的财富怀着一种不在乎的神情。这样客户会对你这种神情产生好奇，然后你在他对你好奇的基础上，加快自己推销的步伐，他与你交易的成功率就增大了。

对于第二种客户，你就必须对他们进行奉承，恭维他们，使他们知道你非常羡慕客户有钱，满足他们的虚荣心。最后为了给他一个台阶下，使他能买你的商品，你就必须再作一些处理说明。你可以这样说："您就先交订金吧！余款以后交，我相信您的付款能力和个人信誉。"这样他会很感激你的。

交易成功后，别忘了说一声："还要请您以后多多关照。"

对于第二种类型的客户，切不可揭露他们的虚伪面具，这样会伤他们的自尊心，使交易产生困难。

对待精明严肃型客户，以推销自己为先

这种客户都比较精明，并且都拥有一定的知识，文化素质比较高，能够比较冷静地思考，沉着地观察销售员。他们能从销售员的言行举止中发现端倪和问题，他们就像一个有才能的观众在看戏一样，演员稍有一丝错误都逃不过他们的眼睛，这种客户总给销售员一种压迫感。

这种客户讨厌虚伪和造作，他们希望有人能够了解他们，这就是销售员应利用的工具。他们大都很冷漠、严肃，虽然与销售员见面后也寒暄，打招呼，但看起来都冷冰冰的，没有一丝热情，没有一丝春风。

他们对销售员持有一种怀疑的态度。当销售员进行商品介绍说明时，他看起来好像心不在焉，其实他们在认真地听、认真地观察销售员的举动，在推测这些说明的可信度。同时，他们在思考销售员是否真诚、热心，有没有对他说谎，销售员值

不值得信任。

这些客户对自己的判断都比较自信，他们一旦确定销售员的可信度后，也就确定了交易的成败。也就是说，销售员给这些客户的不是商品而是销售员自己。如果客户认为你对他真诚，他们可以与你交朋友，他们就会把整个心都给你，交易也就成功了。但如果他们确认你有些造作，他们就会看不起你，会立即打断你，并且下逐客令把你赶走，没有丝毫商量的余地。

这类客户的判断大都正确，即使有的销售员有些胆怯，但很诚恳、热心，他们也会与你成交的。

对付这类客户有两种方法：一是脚踏实地，对其真诚、热心，不但商品品质好，你本身表现也应不卑不亢、温文尔雅，使之无话可说，对你产生信任；二是在某方面与之产生共鸣，使他佩服你，成为知己，因为他们对于朋友都是很慷慨的。具体操作方法就是与他们多谈，特别是多谈一些他们所喜欢的事物，这些都要在洽谈前经过调查，这样他们会认为你与他们有共同的话题，他们就会把你当做知心朋友对待，那交易自然也就成功了。还应当让他们尽量了解你的一些情况，并且告诉他们你的一些隐私，把他们当做朋友看待，这样，他们也会把你当朋友的。

另外，对于这类客户有时也可用严肃的神情与之对阵，但要保持礼貌以及注意分寸，并且大方一点，对于他所要求的，要给予热心的支持。这样他就会认为你比较能干，有才能，会对你产生信赖，这样交易也就成功了。

对待沉默寡言型客户，忌施压催促

这类客户都不爱说话，但颇有心计，做事非常细心，并且对自己的事都有主见，不为他人的语言所左右，特别是涉及他的利益时更是如此。

他们表面看起来都很冷漠，有一种对一切都不在乎的神情，使人难以与之接近。其实他们的内心都是火热的，你只要能点燃他们内心那把火，他们就会把一切都交给你。

这类客户看起来有种让人觉得冷漠的感觉，他们对于销售员不在乎，对于推销的商品也不重视，甚至销售员在进行商品介绍说明时，他也不说一句话，没有什么表情变化，冷淡淡的，其实他们在用心听，在仔细考虑，只不过不表现在脸上和话语中，而是在他的脑子里。

他们往往不提问题则罢，一提就会提出一个很实在，并且很令人头痛的问题。这时销售员不能蒙混过关，因为想要骗他们是绝对不可能的。如果你解决不了他们的问题，他们就会立刻停止与你谈话，因为他们本身就是惜话如金。所以销售员要小心地为他们解决问题，要抓住问题的关键所在。只要解答了他们的问题，他们就会立即要求购买商品，使交易成功。

对付这类客户，千万别运用那些施压、紧逼迫问等销售方法，这样对他们一点用也没有，只会令他们生气，令他们对你产生厌恶心理。也不要盲目地夸耀你的商品，因为他们不会听你的，说了也白说，反而会令他们讨厌，他们会自己看商品样品，你只要作一些介绍说明，再解决一些他们提的问题，交易就成功了。

对这类客户，首先在进行销售说明时，要小心谨慎，说得全面一点，绝不可大意，要表现出你的诚恳，好像是你在问他问题。介绍完之后，他会进行一段时间的思考，这时你要闭嘴，等他抬起头之后，会问你一些问题，这时你再回答。你可以顺便说些商品的优点，使他对商品产生更大的兴趣，这样达成交易的可能性就大了。

这类客户也极易与人交朋友，只要你对他诚恳、真心，他也会用同样的态度来对待你，建立起友谊是没有多大问题的。

对待吹毛求疵型客户，要有耐心

有的客户经常吹毛求疵地讨价还价，销售人员必须要吃透这一点。客户通常会利用这种战术来讨价还价。他们往往先是再三挑剔，接着又提出一大堆的问题和要求。这些问题有些是真心的，有的却只是虚张声势。

陈先生的冰箱坏了，急需买一台，为求物美价廉，他采取了吹毛求疵法来还价。在商店里，销售员指着他要的冰箱，告诉他价格为1 500美元。

陈先生说："可这冰箱外表有点小瑕疵！你看这儿。"

销售员说："我看不出什么。"

"什么？"陈先生说："这一点小瑕疵似乎是个小割痕，有瑕疵的货物通常不都要打点折扣吗？"

陈先生又问："这一型号的冰箱一共有几种颜色？"

销售员说："30种。"

"可以看看样品本吗？"陈先生问。

销售员回答说："当然可以。"说着马上拿来了样品本。

陈先生边看边问："你们店里现货中有几种颜色？"

销售员回答："共有22种。请问您要哪一种？"

陈先生指着商店陈设产品里没有的一种颜色说："这种颜色与我的厨房颜色相配，其他颜色同我厨房的颜色都不协调。颜色不好，价格还那么高，要不调整一下价格，否则我将重新考虑购买地点了，我想别的商店可能有我需要的颜色。"

陈先生又打开冰箱门，看了一会儿说："这冰箱附有制冰器？"

销售员回答："是的，这个制冰器全天24小时都可以为你制造冰块，而且1小时只需要2分钱的电费。"（他以为陈先生会满意这个制冰器）

陈先生说："这太不好了，我孩子有慢性喉头炎。医生说绝对不能吃冰，绝对不可以。你可以帮我把这个制冰器拆掉吗？"

销售员说："制冰器是无法拆下来的，它同冰箱的门安装在一起。"

陈先生说："我知道……但是这个制冰器对我根本没用，却要我付钱，这太不合理了，价格再便宜点？"

陈先生如此这般，其目的不外是：

1. 压价；

2. 表现自己的精明；

3. 为对方的让步创造条件。

经过如此艰苦地讨价还价之后，售货员作了让步，他向其上司交代时，说自己只作了极小的让步，并说这种让步是有理由的。售货员往往会把客户刚才的抱怨作为自我辩解的理由。

换个角度来说，若你是卖方，又该如何抗拒这种吹毛求疵的战术呢？

1. 必须要有耐心。那些虚张声势的问题及要求自然会逐渐露出马脚来，并且失去影响力。

2. 遇到实际的问题，要能直攻腹地、开门见山地和买主私下商谈。

3. 对于某些问题和要求，要能避重就轻或视若无睹地一笔带过。

4. 当对方在浪费时间、节外生枝，或做无谓的挑剔或无理要求时，必须及时提出抗议。

5. 向买主建议一个具体且彻底的解决方法，而不去讨论那些无关紧要的问题。

第6章
逆鳞莫触，销售中不能踩的话术地雷

经常看到在销售中，因一句话而毁了一笔业务的现象，如果能避免失言，销售员的业绩肯定会百尺竿头，更进一步。

销售中不该说的5类话

话是说给他人听的，你的话可以使客户心情舒畅，也可以使客户情绪一落千丈。使客户心情舒畅，于己于人都有好处，何乐而不为呢？

当客户问，他那辆旧车可以折合多少钱时，销售员心里想的也许是："这辆破车还能值几个钱？"这可能是大实话，那辆车也许确确实实就是一辆不值钱的破车，它的轮胎也许已经磨损得不像样了，它烧起汽油来也许比柴油引擎还要多，车里的气味也许很难闻，总而言之，它就是一辆破车。但这种大实话销售员绝对不能说，因为这是客户的车，客户可能很爱这辆汽车，毕竟开了这么多年，多少总会有点感情。即便不喜欢这辆车，也只有客户自己有资格来评价这辆车。如果销售员先开口说这辆汽车如何如何糟糕，这无疑是在侮辱汽车的主人，不知不觉中已经伤害了客户的自尊心。这样，还能向客户销售吗？想想这些，销售员还敢说客户用过的东西不好吗？

有时，客户会说自己的东西不好，比如说："这辆车太破，想买辆新车。"这时销售员也不能跟着附和："你这车确实够破了，早该换辆新车。"特别是在谈及孩子时，当客户说他的孩子太淘气时，销售员若顺着客户的话说："是够淘气的"，那销售员就休想让客户买产品了，销售员可以说："聪明的孩子都淘气。"所以通常情况下，销售员在与客户沟通时，不能说以下的话：

1. 直接批评客户

这是许多销售员的通病，尤其是刚从事销售这一行的，有时讲话不经过大脑，脱口而出伤了客户，自己还不觉得。虽然销售员无心去批评指责，只是想打一个圆场、有一个开场白，而在客户听起来，感觉就不太舒服了。人人都喜欢听好话，人人都希望得到别人的肯定，不然怎么会有"赞美与鼓励让白痴变天才，批评与抱怨让天才变白痴"这一句话呢。在这个世界上，又有谁愿意受人批评？销售员从事销售，每天都是与人打交道，赞美话语应多说，但也要注意适量，否则，让人有种虚伪造作、缺乏真诚的感觉。

2.攻击性语言

我们经常可以看到这样的场面：同行业里的销售员用带有攻击性色彩的话语攻击竞争对手，甚至有的销售员把对手说得一钱不值，致使整个行业形象在人们心目中不理想。多数的销售员在说出这些攻击性话语时，缺乏理性思考，却不知无论是对人还是对事的攻击词句，都会造成客户的反感。作为销售员应尽量杜绝，最好是做到闭口不谈，这对销售会有好处的。

3.过度吹嘘

不要吹嘘产品的功能！这一不实的行为，客户经过日后的使用，终究会清楚销售员所说的话是真是假。不能因为要达到销售业绩，就夸大产品的功能与价值，这势必会埋下一颗"定时炸弹"，一旦纠纷产生，结果就很难圆场。有些销售员确实会这样做，明明是69岁时的保单现金值，却说成是65岁；某种耳疾的治愈率只有72%，但却说成92%。

任何一个产品，都存在着好的一面，同样，也存在不足的一面，作为销售员理应站在客观的角度，清晰地与客户分析产品的优与劣，帮助客户"货比三家"，唯有知己知彼才能让客户心服口服地接受产品。给销售员的忠告是：欺骗与夸大其辞的谎言是销售的天敌，它会使销售员的事业无法长久。

4. 个人隐私

与客户打交道，主要是要把握客户的需求，而不是一张口就大谈特谈隐私问题，这也是销售员常犯的一个错误。有些销售员可能会说，我说我自己的隐私问题，这样总可以吧。就算只谈自己的隐私问题，不去谈论客户，试问销售员推心置腹地把自己的婚姻、性生活、财务等情况和盘托出，能对销售产生实质性的帮助吗？

5. 不雅之言

每个人都希望与有涵养、有层次的人在一起，不愿与那些"粗口成章"的人交往。同样，在销售中，不雅之言对销售产品必将带来负面影响。诸如，在销售寿险时，最好回避诸如"死亡""没命了"此类词藻。不雅之言会使销售员的个人形象大打折扣，是销售过程中必须避免的。

各卖各的货，勿妄自贬低对手

"同行是冤家"，在销售中遇到竞争对手是一件很正常的事。这时你很可能为了竞争而贬低对手，不过奉劝你千万不要这样做，因为贬低对手只会让客户降低对你的评价。

某公司的董事长正打算购买一辆不太昂贵的汽车送给儿子

作毕业礼物。福特牌轿车的广告曾给他留下好的印象，于是他到一家专门销售这种汽车的商店去看货，而这里的售货员在整个介绍过程中总是在说他的车哪些哪些比"菲亚特"和"大众"强。作为董事长的他似乎发现，在这位销售员的心目中，后两种汽车是最厉害的竞争对手，尽管董事长过去没有买过那两种汽车，他还是决定最好先亲自看一看再说。最后，他买了一辆"菲亚特"。

不贬低诽谤竞争对手的产品是销售员的一条铁的纪律。做一名合格的销售员一定要记住：把别人的产品说得一无是处，绝不会给你自己的产品增加一点好处。

销售员除了赞扬对手之外就不应当提到他们。万一客户首先说起竞争商品的情况，你就赞扬它几句，然后转变话题："是的，那种产品很好。但现在还是看看我们的！"完全回避竞争对手，就不会导致客户再去考虑别的商品。销售圈的座右铭似乎应当是："各卖各的货，井水不犯河水。"自然地就会把客户的需求转入自己一方。

不幸的是，按这种观点办事常常不是最佳战略。一个竞争厂家的牌子可能早已在准客户的脑子里占据了重要位置，用回避的办法是难以将它驱除的。可是，有的客户并不愿意主动谈论他们内心宠爱的另一种产品，因为他们害怕销售员会指出他们的偏爱有问题。所以，保持沉默便可平安无事。

　　这样，如果销售员决心要对付竞争对手，首先就必须设法让客户把心中喜欢的另一种商品讲出来，并听听他对其产品的看法。精明的汽车销售员在刚一开始谈生意时，就要探明竞争对手在客户心目中的地位。为了搞清客户都见过哪些汽车和最喜欢哪一种，这样问："到目前为止，在您见过的所有汽车当中您最喜欢哪个牌子的？"这个问题的答案可以为洞察力很强的销售员提供大量信息。如果客户的回答是"赛车"，那你再向他销售稳稳当当的轿车就是对牛弹琴了。绝大部分汽车销售员都害怕跟头一次买汽车的人打交道，因为销售员们知道，不管你给这类客户提供多么优越的购物条件，他们仍会认为有必要先转一圈看看再说。聪明的汽车销售员都喜欢等客户看过了其他牌子的汽车后再接待他们，这时就有成交的希望了。

　　毫无疑问，避免与竞争对手发生猛烈"冲撞"是明智的选择。但是，要想绝对回避他们看来也不可能。销售员如果主动攻击竞争对手，将会给人留下这样一种印象：他一定是发现竞争对手十分厉害，觉得难以对付。人们还会推断，他对另一个公司的敌对情绪为什么会这么大，难道是因为他在该公司手里吃过大亏。客户下一个结论就会是：如果这个厂家的生意在竞争对手面前损失惨重，那么他的竞争对手的货就属上乘，我应当先去那里瞧瞧。

别纵容自己的情绪，用语不慎伤害对方

很多销售人员的失败，都是源于不懂得掩饰自己的情绪。如果客户表现出对商品没有兴趣，销售人员的脸上就会浮现出失望或不耐烦的表情。在与同事和朋友的交往中，往往也不管时间场合、对象是否适当，更不理会讲话的后果，心里有啥就说啥，想怎么做就怎么做。这种直率会让销售人员丧失很多本来有潜力的客户，也容易得罪人，结果自己陷入孤立的状态。

其实，直率是明智的交际准则，直率的人往往给人以一种心胸坦荡、胸无城府的感觉，他们比那些深藏不露、遮遮掩掩的人更令人放心，更容易博得对方的信任和好感。但过分的直率却会起到适得其反的作用，很多人也正是在这一问题上不知不觉吃了大亏。况且销售是一个交际性很强的工作，这个工作需要你时刻笑脸相迎。一个带着不耐烦或愤怒的情绪的销售员肯定会到处碰壁的。

每个人都是有自尊心的，每个客户都希望自己被当做上帝对待，他们喜欢享受买东西时所受到的友好和尊敬，销售人员的直言快语很容易就变成了挑衅和侮辱，而有些销售人员往往不顾及这一点，也不掂量话的轻重，经常无意中就伤了人。

有一种能使讲话水平进一步提高的方法：一个人在和别人讲话的同时，其声音也能传到自己的耳朵里，就是这样，一面

确认自己讲话的声音，一面进行讲话。大脑里有那么块地方，它在不停地确定"好！这个讲法好。""哎呀！讲糟了！"我们可利用这一点，在和客户说话时，一边选择词句，一边对自己所要讲出的话进行控制。

客户当中什么性格的人都有，有的很任性，有的性子急，有的爱发脾气，有的说话带口头语。作为一名销售员，要和各种各样的人打交道，如果老是用自己所固有的一种调子谈话，就无法和所有的人谈得来，弄得不好，会遭"白眼"，使得还没进入商谈就被对方拒绝了。面对上述情况，要不断地检查自己的说法，并及时地做出决策，在冷场之前就迅速地转换话题，使会话顺利地进行下去。

会话往往是反复无常的。在聊天时，讲些有趣的话可使对方捧腹大笑，可是一旦进入商业谈判则往往急转直下，激烈地争论起来。不管在什么场合下都是不允许失言的，如果失去风度，出言伤人，把对方给惹翻了，就会中断交易，造成不可挽回的后果。为此，优秀的销售员在和用户对话时会绞尽脑汁地选择词语。不过讲话时过于恭敬，乱用敬语也不行，要用通俗易懂、朴实亲密的语言，只有这样才能取得成功。

以上所说的看起来好像很难，其实只要有心，谁都能做到，只要多练习多用就能够做到和任何客户打交道都有共同语言。另外，学会了上述方法并使之成为习惯，不仅对用户，对上司、对同事讲话也同样有用。这里再提醒一次：会话时，请注意谈话内容，千万不要伤害对方。

切记不要急于求成

有一个商人，到外地去买了一车沉香，运回故乡来贩卖。结果因为沉香较昂贵，所以只有很少人购买。而旁边刚好有一个卖木炭的小摊，因为木炭便宜，一下子就卖光了。

这位商人眼见隔壁摊位的木炭一下子就销售一空，而自己的沉香却卖不出去，心中甚是着急，左思右想，他终于想出了一个办法。

于是他用火将整车的沉香烧成木炭，果真一下子就被大家抢购一空，他也高兴地回家了。

销售的目的并不仅仅是将产品卖出去，而是以合适的价格卖给需要的人，虽然卖出去的目的达到了，但是失去的可能更多。

有一些销售人员的性子太急，做事总是匆匆忙忙的，尤其是在推销的成交阶段。

有一对姓马的夫妇，因为丈夫工作需要，全家搬到一个新的地方居住。刚刚搬到新地方，他们的孩子自然觉得新鲜得不得了，总是喜欢跑出去玩。

有一天，这对夫妇出门了，回来的时候却发现自己的小儿子不见了，这可把他们吓坏了，于是开始分头去寻找。他们还报了警，而且，因为这对夫妇所住的地方不是很大，所以不一会儿就有很多人都帮着找。

但是，就在这么一个节骨眼上，一个不知深浅的销售员却凑到马先生跟前，向他推销保险，当时马先生很生气，没好气地说："拜托，等我把儿子找到再说好吗？"

谁知这位销售员看马先生没有反对便更是喋喋不休，大谈保险的种种好处，还想让他停下来听他讲，这下可把马先生气坏了，马先生忍无可忍地对销售员大吼："你如果肯帮忙把我儿子找回来，那么保险业务的事情咱们日后找个时间再谈。但是，我警告你，你现在要是再跟我提什么见鬼的保险业务，就请你先滚出去！"

销售员被马先生说得面红耳赤，夹着公文包灰溜溜地走了。马先生这才注意到，这个销售员名义上是来帮助自己找儿子，实际上却早就计划好要来乘机做推销，这可把马先生的肺都气炸了。他等销售员走出去，就狠狠地把门摔了一下。最后，在大家的帮助下，马先生找回了自己的儿子。

但是从此以后，马先生很痛恨这个销售员，而且经常给别人讲述这件事情并描绘他的长相，这下销售员的业务就可想而知了。但他怪不得别人，难道还有比他更不谙人情世故的吗？

细心是销售人员必须具备的重要品质。急功近利，行事冲动，极易导致推销失败。尤其是在促成阶段，客户在做出买不买、买多少、何时买等购买决策时，都不是一时冲动，他们需要权衡各种客观因素，如产品特征、购买能力等，同时还要受到主观因素的影响，如心情好坏等。因此，做出购买决策是一个极其复杂的过程，并不是一蹴而就的。在这个时候，销售人员应该给客户合理的考虑时间，并耐心等待客户做出决定。

东拉西扯没有重点，等于白说

销售人员在与客户进行沟通时，应该清楚哪些话是该说的，哪些话是不该说的，切不可说起来东拉西扯，没有边际，一定要掌握好洽谈的重点，否则，就很容易偏离你推销工作的主题。

客户在与销售人员交谈时，由于自身的需要，往往要对产品进行详细的询问与了解，而客户的这种了解又会具体地反映在产品的某些方面上。比如品牌、价格、安全性、质量、售后服务等，所以销售人员就应该根据这些情况来把握客户所关心的重点，定出接下来的谈话重点，进而对客户进行详细的说明，这是成功销售的一大"法宝"。

但在实际的推销洽谈中，有些销售人员却不能够做到想客户之所想、答客户之所问，尤其对客户特别关心的问题不能给予及时准确的回答，不是充耳不闻、轻描淡写，就是回答笼统含糊、答非所问。究其原因，无外乎以下几点：

1.粗心大意，忽略了客户所关注的问题；

2.对客户的问题不够重视，甚至会认为是多余的；

3.认为客户的问题很简单，泛泛之谈就足以说清；

4.怕引起客户的疑虑而有意回避。

以上任何一种情况的出现都会影响销售工作的成败。泛泛而谈缺乏说服力，不够具体，那么客户的疑虑就得不到合理的答复，当然也更容易引起对方的警觉。在这种情况下，你想客户会做出购买决定吗？

看看下面这个案例。

张先生平时工作比较繁忙，很少有时间照顾家庭。前不久，一次意外事故使她的女儿被暖气中的热水烫伤了，他怕家里的取暖设备再出故障，于是决定安装一台家用中央空调。针对他的这种情况，请看销售员是如何进行推销的。

销售员对他说："先生，如果使用中央空调的话，不仅非常舒适，而且也很安全，只是价格稍微贵了点……"

张先生说："价格贵点倒没什么，不知道这种空调到底能够安全到什么程度？"

"这您放心了，我们中央空调还从没出过事呢，使用过的客户对它都非常满意！我们还负责上门安装和提供其他的一些配套服务。"

"这都好说。"张先生还是不放心，"从来没用过，不知用起来到底怎样，会对孩子有益吗？"

对于上面这位客户，很明显他对产品的要求主要体现在安全问题上，而并非价钱、安装、配套服务等。而那位销售员却没能够及时意识到这一点，只是在安全性之外的问题上盲目地进行说明，没有抓住客户关注的重点。

销售人员在与客户洽谈时，一定要从客户的言语表情中判断出他所希望知道的重点，从而进行有针对性的答复，切忌泛泛之谈。

心不在焉是推销中的大忌

精神涣散、心不在焉是推销中的大忌。如果销售人员在与客户接触的过程中展现出的是一副词不达意、六神无主的样子，就很难使客户对你的产品产生兴趣，他们会认为你没有足够的诚意。因此，在向客户推销产品时，做到精力集中是相当重要的。

　　只有做到精力集中，才能及时发现问题，解决问题，而且能够有效吸引对方的注意力，可以很好地控制整个局面，使你处于主动的地位。

　　关于精力集中这一主题，成功的销售员乔·吉拉德是这样介绍他的成功经验的：

　　"推销时要精力集中，一旦我的眼睛正视着客户时，他就一定能够感到我的注意力集中在他身上。我会把别的一切杂念都抛在脑后，我不允许任何想法来分散我的精力。从我和客户握手、做自我介绍的时候起，就没有什么能把我的眼光从客户身上移开。

　　"即使有5辆消防车在旁边呼啸而过，我也不会转过头去。我曾看见别的销售员一听到警报声或撞击声就会冲到窗户边去；我还看见有的销售员在欣赏某位客户小姐美丽修长的双腿时，眼珠都快鼓出来了！要是我生活在西海岸的话，即使发生大规模的地震，我也不会失去方寸，丢开我的客户。

　　"我为什么要如此控制局面呢？首先，这样可以让客户也能做到集中精力，因为我在观察他的每一个动作，聆听他的每一句话。

　　"几年以前，一位年轻的推销小姐请我观察一下她的推销过程，并对她进行指导。'我一定做错了什么，乔，'她说，'可我就是不知道错在哪儿。'

"结果，我发现她在整个推销中没有说错任何话，推销进展也顺利，她自己的自我感觉也不错，可是最终却未能使生意成交。

"'乔，我做错了什么？'她问我，'那人想买一辆新车，而且他也买得起，我的推销似乎也不错，可……我到底哪儿做得不对？'

"'海蒂，你做得对，你做的所有事都对，可是你犯了一个致命的错误。我想你自己肯定没有意识到。'

"'是什么？'她急切地问，'我想知道。'

"'我数了一下，在推销的过程中，你一共看了6次手表。每次看的时候，你的客户都有些不悦，而且还会沉默一会儿。他们心里一定在想：她的兴趣可能在别的事情上，而不是跟我谈话。好了，就这些。他觉得你想尽快摆脱他。'

"'说实话，我并不在乎什么时间，这只是我的一个坏习惯。你说得对，我不会再那样了。'

"几个星期之后，她已经能够做到精力集中地去做推销了。"

精力集中意味着你对这件事情很重视，对方也就觉得你尊重他，他也就会与你进行思想沟通，愿意接受你的思想，最终使推销成功。所以，你要懂得精力集中就是控制局面的最有效的方法和策略。

下篇

怎样听客户才肯说

自然赋予我们人类一张嘴、两只耳朵，也就是让我们多听少说。从事销售的人不要太忙于说话，要学会倾听，做一名好听众，并适时说出一两句有建设性的话，这时你与客户的心灵就相通了。倾听是销售人员与客户实现良好沟通的重要手段，让客户多说，自己多听，是销售人员必须掌握的技巧。

第7章
倾听可以四两拨千斤，要给客户说话的机会

善于倾听，是销售人员迈向成功的第一步。如果你想提高业绩，就要将听和说的比例调整为7：3，即70%的时间让客户说，你倾听；30%的时间让你用来发问、赞美和鼓励客户说。

用倾听打开你的销售之门

杰尔·厄卡夫是美国自然食品公司的推销冠军。这天，他像往常一样将芦荟精的功能、效用告诉给女主人，但女主人并没有表示出多大的兴趣。

厄卡夫立刻闭上嘴巴，并细心观察。突然，他看到女主人家的阳台上摆着一盆美丽的盆栽，便说："好漂亮的盆栽啊！平常真是很难见到。"

"没错，这是一种很罕见的品种，叫嘉德里亚，属于兰花

的一种。它真的很美，美在它那种优雅的风情。"女主人听到厄卡夫对自己盆栽的赞美，便来了兴致，说道："这个宝贝很昂贵的，一盆就要800美金。"

"什么？800美金？我的天哪！每天是不是都要给它浇水呢？"

"是的。每天都要很细心地养育它……"

于是，女主人开始向厄卡夫讲授所有与兰花有关的学问，而厄卡夫也聚精会神地听着。

最后，女主人说："就算我的先生也不会听我唠唠叨叨讲这么多，而你却愿意听我说了这么久，甚至还能够理解我的这番话，真是太谢谢你了。希望改天你再来听我谈兰花，好吗？"随后，她爽快地从厄卡夫手中接过了芦荟精。

客户在和销售人员交谈时，都希望销售人员能够耐心地听自己倾诉。一个不懂得倾听，而是滔滔不绝、夸夸其谈的销售人员不仅无法得知有关客户的各种信息，还会引起客户的反感，导致推销最终失败。无论怎样，要想成为一名成功的销售人员就应当谨记，在客户兴高采烈地谈论的时候，最好做一名忠实的听众。当你这么做的时候，你会发现客户已大大提升了对你的认同度。

一般情况下，只要有一个谈话的机会，大多数人都不太愿意听别人说话，而是喜欢让别人听自己说话。还有一种常见的现象是，大多数人喜欢谈和自己有关的事，而不是和对方有关的事情。

可是在推销过程中，绝大多数的时间是销售人员在说，客户只有很少量的说话时间。因此，这样的销售人员总是业绩平平。而那些经验丰富的销售人员，通过实战总结出了一条规律：如果你想提高业绩，就要将听和说的比例调整为7：3，即70%的时间让客户说，你倾听；30%的时间让你用来发问、赞美和鼓励客户说。

"听"比"说"更重要。倾听客户的言谈对推销有下面几点好处。

1. 倾听是对别人的一种尊重

当你聚精会神地听客户谈论的时候，客户会有一种被尊重的感觉，从而能够拉近你们之间的距离。

人们往往对自己的事更感兴趣，对自己的问题更关注，更喜欢自我表现。一旦有人专心倾听对方谈论自己时，对方就会感觉自己被尊重。卡耐基曾说："专心听别人讲话的态度，是我们所能给予别人的最大赞美。对朋友、亲人、上司、下属，倾听具有同样的功效。倾听他人谈话的好处之一是别人将以热情和感激来回报你的真诚。"

2. 倾听能真实地了解客户，增加沟通的效力

销售人员如果只顾自己一个劲儿地说，而不懂得倾听客户

的话，就无法真实地了解客户。那么，双方的沟通就是无效的，你的销售也因此不尽如人意。

3. 倾听才能思考

用心倾听客户说话可以减轻客户的戒备心，使其说出心中真正的想法。同时，你也可以利用倾听的时间想一些对策，从而高效率地解决问题。只有静下心来倾听，你才能从客户的言行举止中冷静地去思考，了解并领悟客户所传达的信息。当你真正了解客户的想法时，你与客户之间的交易才算真正开始。

在你与客户销售面谈时，通过有效地倾听，倾听中思考，可以帮助你寻找客户话语中透露出的真正需求，迅速判断成交的可能性，从而对症下药，增加订单交易量。

总之，适时地让嘴巴休息，学会在倾听中思考，是解决问题的有效方法。

4. 倾听可以帮你了解客户的需求

客户的需求和期望都是由客户自己"说"出来的。销售人员如果不仔细倾听，遗漏客户无意中提供的重要信息，就很有可能错失许多解决问题的关键点。

面对面的销售时，客户冷淡的反应与不屑的眼光对销售人员是一种十分惨重的打击。许多客户在回答销售人员的提问时只会应付式地说几句客套话，这是因为他们不想让销售人员了解他们的需求而致使他们无法脱逃。所以客户会尽可能地敷衍。要摆脱这种困扰，销售人员只有想办法让客户尽可能地多说，并且在提问时引导他说出心中的真实想法。这样无论是对销售工作还是对解决投诉都有极大的帮助。

少说多听，尽量创造倾听的机会

在沟通交流中，销售人员应该让客户多说，自己多听，并保持适当的沉默。雄辩是一门艺术，沉默同样也是一门艺术。一个善于倾听的销售人员在别人说话时，眼睛会直视对方，表现出自己真的感兴趣，不仅是在真诚地倾听，而且也在全身心地投入，并及时做出反应。

多年前，美国最大的汽车制造公司之一正在洽谈订购下一年度所需要的汽车坐垫布。有三个重要的厂家已经做好了坐垫布的样品。这些样布都已经得到了汽车公司高级职员的检验，并发通告给各厂家，他们的代表可以在某一天以同等条件参与竞争，以便公司确定最终的供应商。

其中一个厂家的业务代表皮特先生在抵达时，正患有严重的喉炎。"当我参加高级职员会议时，"皮特先生在我班上叙述他的经历时说，"我嗓子哑了。我几乎发不出一点声音。我被领到一个房间，与纺织工程师、采购经理、销售经理以及该公司的总经理当面会晤了。我站起来想尽力说话，但我只能发出嘶哑的声音。

"他们都围坐在一张桌子边上。所以，我在纸上写道：'各位，我的嗓子哑了，我不能说话。'

"'让我替你说吧，'对方总经理说。他真的在替我说话。他展示了我的样品，并称赞了它们的优点。于是，围绕我的样品的优点，他们展开了一场热烈的讨论。由于那位总经理代表我说话，因此在这场讨论中，他站在我这一边，而我在整个过程中只是微笑、点头以及做几个简单的手势。

"这个特殊会议的结果是，我得到了这份合同，和对方签订了50万码的坐垫布，总价值为160万美元——这是我曾获得的最大的一个订单。

"我知道，如果我的嗓子没有哑，说不定我就会失掉那份合同，因为我对于整个情况的看法是不同的。通过这次洽谈，我很偶然地发现，让客户多说话是多么有益！"

要想营造一种较为理想的谈话氛围，并鼓励客户谈下去，再谈下去，作为倾听方，就需要采取一些策略。

1. 要善于鼓励。倾听对方的阐述需要做好相应的准备，否则，倾听时心不在焉，会让对方觉得你根本就没听，从而会让对方感到不愉快，也会觉得你缺乏合作的诚意。因此，在倾听时一定要给对方造成一种心情愉快、愿意继续讲下去的氛围，其基本技巧之一，就是用微笑、点头、目光等赞赏来表示对客户的呼应，来显示自己对客户谈话的兴趣，从而促使对方继续讲下去。

2. 要善于表示对客户的理解。试想一下，如果在推销谈判中，你侃侃而谈了半天，而对方却一点儿听懂或弄明白了的表示都没有，那么你还有兴致谈下去吗？所以，不妨设身处地地为对方考虑一下，在推销谈判中，当你充当"倾听者"时，一定要注意以"是""对"等答话来表示自己的肯定，在对方停顿下来的时候，也可以用简单的话语来指出对方的某些观点与自己一致，或运用自己的经历、经验来说明对讲话者的理解。有时，还可以适当复述对方所说过的话，这些表示理解的方式都是对讲话者的一种积极呼应。

3. 要善于激励客户讲下去。有时候，适当地运用反驳和沉默，也可以激励客户继续谈下去。当然，这里所说的反驳并不是指轻易地打断对方的讲话或插话，而是当对方征求你的意见或稍作停顿时，对其进行适度的反驳。另外，根据具体的谈判情况，你也可以保持适当的沉默，因为沉默有时也不等同于承认或忽视，它可以表示你在思考，是重视对方意见的体现，也可能是在暗示对方转变话题。

不要只顾着自己的想法，要倾听客户想说的

在和客户交流的过程中，客户刚刚说了几句和产品主题无关的话，你就开始变得不耐烦了，试图把客户拉回销售的主题，相信这样的销售者，客户绝对不会买账，既然你对客户都不真诚，傻子才会把钱掏给你来赚！要知道，客户不是不愿意花钱，而是愿意把钱花在自己信任的销售人员手中。作为销售人员，在和客户交流时，不要只听那些对自己有用的东西，更要学会听客户想说的东西，当你对客户足够了解的时候，你们之间也就真的成为无话不谈的好朋友，客户自然也就会心甘情愿地买你的东西。在沟通的过程中，客户得到了倾诉的满足，而你也达成了成交的目的，各得所需，何乐而不为？

老李的太阳能热水器销售公司最近碰到了一件相当棘手的事情，一名客户痛骂其公司售出的热水器，声称非要退货，还列出了多项罪名，欲将公司告上法庭。老李亲自登门去解决了好几次，可那位先生没什么文化，很不讲道理，说话很难听，每次老李刚想跟他解释，他就开始牢骚满腹、骂骂咧咧，让老李甚感头痛，没有耐心再听下去。就这样拖了三个月的时间，事情发展得越来越糟糕！

最后，公司的一位销售员小王，登门拜访了这位暴躁凶悍的客户，并顺利地解决了问题。老李在欣赏小王的能力的同

时，很好奇小王是怎样将这个难缠的客户摆平的。

小王谦虚地说："我也没做什么特别的事，在拜访这位客户的时候，我唯一所做的事就是，专注地听对方将满腹牢骚倾泻出来，并一再地点头称是。"在听那位客户说话的时候，小王并没有和客户争辩，也没有表现出不耐烦或者轻视的态度，而是认真地听他说话，并不时地点头微笑，表示对对方观点的肯定。最后终于明白，这个客户的热水器并没有出现任何毛病，而是因为他有一个邻居只花了不到1 000元就买了一台热水器，而自己的热水器花了将近3 000元，他认为自己吃亏上当了，所以强烈要求退货。这个时候，小王立即拿出本公司的销售宣传册，不急不躁地向客户解释说："您买的这款太阳能热水器，所有的材料都是美国进口的最新材料，不但加热快，而且寿命长，更重要的是，它有一种特殊的过滤作用，能将自来水中的漂白粉等有害物质过滤了，减少自来水中有害物质对皮肤的刺激和伤害。"

听完小王的解释，那位先生笑着说："早告诉我呀，我总认为和别人一样的东西，却多花2 000多元，这不是明摆着坑人吗，原来是这样的！"

从此之后，这位客户再也不吵着要退货了，而是逢人就夸这家太阳能公司的销售人员服务态度好，还主动给小王介绍了不少客户。

小王的成功不是偶然，而是自己本身素质的体现：足够的倾听和耐性。在客户遇到麻烦的时候，他并没有像老李那样，对客户的问题不耐烦地躲避和敷衍了事，而是让自己静下心来认真倾听，了解客户内心的声音，在了解客户真正的想法之后，真诚地为客户解决问题！

听并不难，但是做到把客户的每一句话都听进心里确实有一定的难度。在销售的过程中，学做一个可以容纳"百川"的听众，并且把对客户的尊重和诚意表现在脸上，这样你将会有很多意外的收获！

倾听不仅是一个销售人员素质的体现，更是对客户尊重的表现。我们可以想象，有哪个客户忍心拒绝对自己真诚而尊敬的人！在客户说话的时候，无论是你喜欢听的，还是不喜欢听的，都要认真地倾听，这在无形中就赢得客户的心，客户自然也就心甘情愿地掏出自己钱包里的钱！

诚然，客户也有不对的地方。客户常常把自己"当做上帝"，有各种理由来向销售人员无理取闹。这个时候，千万不要和客户一争高低输赢，最明智的做法就是学会包容，以平和的心态来面对客户的对和错，真诚地倾听客户的心声。

很多时候，我们要学会闭嘴

对销售人员来说，懂得在关键时刻让自己闭嘴，这并不是所有人都能做到的。许多销售员都在客户面前眉飞色舞，说个不停，却丝毫不注意客户厌烦的神色。他们也从不判断当时是什么场合，什么氛围，总是努力地向客户讲个不停。

在销售培训班上，很多人也曾经提出过"关键时刻学会闭嘴"这个问题，然后得到了五花八门的答案：

急于让客户购买；

不知道什么时候该闭嘴，只好继续说下去；

担心客户转移注意力，或生怕客户打消购买的打算；

也想闭嘴，但那得是交易完成之后……

知道什么该说，什么不该说，什么时候说，什么时候不说，这是销售人员应该具备的最基本的销售常识。有时你需要向客户展示你的风趣动人的表达能力，有时你却需要沉默不语，倾听客户的意见，让他自己做出选择。

有一位美国的保险销售员，这一天，他接待了一位女士，没用任何技巧，也没说几句话，就做成了一笔大生意：这位女士为她的11个儿子买了11项储蓄保险。因为她的先生刚刚遭遇车祸去世，心情低落，所以这位销售员自始至终都扮演了一个倾听者的角色，耐心地听她讲述自己的遭遇和需求。中间只是偶尔安慰她几句，更多的时候他都在沉默，一脸严肃，充满对她的同情与尊重。

直到最后，这位女士停止了讲述，他才建议她购买这些保险，并简洁直接地告诉了她理由：即使她未来没有固定收入，孩子的教育和未来也不至于无以为继。女士马上就接受了他的建议，为她的每个儿子都买了一份储蓄保险。

销售员从这笔生意中获得的佣金，是过去他三个月的收入。后来，他在公司的营销会议上，对同事们说："我没想到，沉默的作用会是如此之大。"

闭口沉默是你遇到特殊客户时应该采取的态度，如果那位保险销售员面对这位女士夸夸其谈，丝毫不理解她刚失去丈夫的哀伤的心情，那么结果很可能是导致客户的不悦和反感，这笔生意也就泡汤了！

有些销售员，为了避免在客户面前出现失误，或者客户突然间走掉，只好不断地说话，说了又说，说个没完。这其实是一种语言轰炸，会让客户产生厌烦不安的情绪，反而容易赶走本来可能成交的客户。

不敢说话的销售员卖不掉产品，但是说话太多的销售员会叫客户害怕。

20世纪最伟大的科学家爱因斯坦，有人问他成功的秘诀是什么。爱因斯坦回答："成功就是X加Y再加Z。X是工作，Y是开心，而Z则是闭嘴！"

这是大师留下的至理名言，造物主为什么给我们两只耳朵和一张嘴？就是让我们多听少说，该闭嘴时就闭嘴。

如果你有所疑惑，在说什么与何时说之间掌握不住正确的尺度，那么就记住这个销售员的闭嘴法则：

1. 如果你不知道说什么，那就让自己真诚地倾听；

2. 永远不要在客户说话的时候写东西；

3. 任何时候，都不要排斥和打断客户的说话，这是一种愚蠢的行为；

4. 自己不懂的问题，不要假装内行，闭嘴才是最佳选择。

孔子说："知者不失人，亦不失言。"聪明的销售员，应该好好体会这句话，不要在客户的面前失言。一场成功的销售就像一个好的电视节目，有美妙的画面，还有悦耳的音响。音量太小不行，音量太大，太刺耳，也会把人吓跑。当需要你沉默的时候，你不妨安静下来，思考一下客户到底在想什么。

不要把销售沟通变成一场独白

一位中年男客户走进了瓷砖超市，四处看看。尽管这位客人的衣着很简单，但富有经验的老板知道，这位客户很可能是做跟工程有关的工作，这种人要是一下订单就是大买卖，于是让店员好好接待。

店员询问客户的购买意向时，对方只是简单地说"看看"。于是店员只得尽可能详细地向客户介绍店内的产品，过程中客户也只是随口答应，并没有说什么。

20分钟后，客户空手出店，什么也没买。

案例中店员把与客户的销售沟通变成了自己的一场独白，尽管也费了很多心力，但却未能打动客户，这次沟通是失败的。事实上，在销售中，店员有一项最重要的工作就是让客户开口说话，与店员形成互动。

与客户说话，就是与客户沟通思想的过程，这种沟通是双向的。我们自己在说话的同时要引导客户多说话，通过客户的话，我们可以了解客户对你所介绍东西是不是喜欢。要知道双向沟通是了解客户有效的工具，不要一人在那里滔滔不绝、喋喋不休、唾沫横飞、口若悬河地一吐为快，全然不顾客户的反应。

一些店员抱怨在销售对话中自己总是感到被动，原因就是沟通中你总是在说，而你的客户总是在沉默或不停地发问。客户一直提问，是在探你的底牌。其实你不一定知道客户真正关心的是什么、主要的问题在哪里，因为你只说不问。

客户和你谈话，是期望你可以在专业方面给出建议。你应当像医生一样，对现状进行诊断，而诊断的最好方式就是有策略地提问，诱导客户开口。

一般的店员通常滔滔不绝地说一大堆之后，就用陈述句结尾了。这时候客户的表现通常是"好，我知道了，我再看看"或"我考虑一下再说"等。如果你在陈述完后紧接着问："您觉得如何呢？"或"这个产品您能接受吗？"

这样做效果会好很多，客户至少不会冷冰冰地拒绝你，提问给了客户阐述其想法的机会。

回应的一般形式。客户的回应实质上是一种信息反馈，在一般的销售沟通中，各种信息类型的影响力为：情绪语言是30%~40%；肢体语言是50%~60%。

情绪语言。所谓情绪语言是当客户感觉到痛苦或兴奋时，通常在对话中会通过一些字、词表现出来，如"太好了""真棒""怎么可能""非常不满意"等，这些情绪性字眼都表现了客户的潜意识导向，表明了他们的深层看法，我们在倾听时要格外注意。一般而言，在成交的那一刻，客户做决定是感性的。所以每当客户在对话中流露出有利于成交的信号时，都要抓住机会，及时促成。

此外，店员要注意沟通中少用"我""我们""我认为"等主观性较强的语言，这些字眼很容易使客户反感，应多用极具亲和力的"您"，这样也能促成客户开口。如果你发现客户在高频度地使用"我""我认为"等词语时，你一定要注意倾听，并适当控制和引导。因为这样的客户一般主观性强，喜欢发表自己的观点。这样的客户不太容易被打动，但你只要对他表示欣赏并建立信任关系，双方一旦成交，这将是非常理想的忠诚客户。

当然，还有一些常用的词语，换一个说法往往效果大不一样。例如，客户很不喜欢"买"和"卖"这两个字，如果换成"拥有"，客户的感觉就会好很多。当你希望客户购买你的产品时，你说："阿姨，当您购买了我们的这款空调之后……"你的客户会非常敏感，这意味着你要从他的钱包里掏钱了。更好的说法是："阿姨，您知道吗？当您拥有了我们为您量身推荐的这款空调之后，您将享受到它特有的非凡感受，对老年人尤其适用。"听话要听音，当客户在沟通时一再强调"买"或"卖"等字眼的时候，你要注意了，这样的客户可能还未真正了解产品的真实价值，他们只是假装对产品感兴趣。

肢体语言是非常重要的交流方式，这一点前文已经有过描述，这里不再重复，只介绍一下辨析肢体语言的技巧和方法。在销售对话过程中，常见的积极肢体语言有：歪头、手脸接触、吮吸、屈身前倾、手指尖塔形、拇指外突等；消极的肢体语言有：假装拈绒毛、拉扯衣领、缓慢眨眼、腿搭在椅子上、缓慢搓手掌等。客户在销售沟通中总是习惯"言不由衷"的，我们要懂得通过无意识的肢体语言把握客户的心理动态，审时度势，做出正确的判断和对策。

当店员的努力获得客户的回应时，店员还要判断客户回应的真假以及客户的真实意图。通常情况下，店员可以通过以下两种方式获得问题点。

1. 渗透性提问

所谓渗透性提问就是说排除客户的回应，再进一步深入提问。举例来说：当客户给出意见后，店员可以马上追问一句："除此之外呢？"提问之后马上停止，然后让客户说。客户一开始说出的理由通常不是真正的理由，当你说出"除此之外"之后，客户都会沉思一会儿，谨慎地思考之后，最后说出他为什么要拒绝或购买的真正原因。

2. 诊断性提问

在确认客户真正的问题或需求时，可首先利用诊断性提问限定范围，确立具体细节，如："您是需要柜式空调还是壁挂式空调？"接下来再用相同的方法，进一步缩小"包围圈"。如："那么，柜式空调您是喜欢哪方面的功能呢？"

不给别人说话的机会，就永远拿不到订单

一个只会说话，而从来不愿意静下心来听别人说话的人，即使你说得再多、再精彩，也不会得到别人的认可，更不可能得到别人的尊重，因为你从来没有用"听"来了解对方，熟悉

对方，从而进行心与心的沟通。这种人就算口才再好，也是枉然，被别人认为是一个无知的人。

作为一名销售人员，你可以滔滔不绝，可以口若悬河，但是一定要给客户说话的机会。我们常说："听比说更重要。"是的，耐心地听对方说话，这不仅是一个人自身修养和素质的体现，更是对客户的重视和尊重。

聪明的人会发现，一旦你成为说话主角，你不但不会变得主动，反而会变得更加的被动。因为你一直在唱"独角戏"，没有给客户说话的机会，从而忽略了客户内心真实的想法。不明白客户的真实想法，我们又如何对症下药呢？

经朋友介绍，重型汽车销售人员乔治去拜访一位曾经买过他们公司汽车的商人。见面时，乔治照例先递上自己的名片，说："您好，我是重型汽车公司的销售人员，我叫……"

才说了不到几个字，商人就以十分严厉的口气打断了乔治的话，并开始抱怨当初买车时的种种不快。如服务态度不好、报价不实、内装及配备不精、交接车的时间太久，等等。

客户在喋喋不休地数落着乔治的公司和当初提供汽车销售服务的销售人员时，乔治只好静静地站在一旁认真地听着，一句话也不敢说。

终于，商人把以前所有的怨气都一股脑儿地发泄了出来。这时，他才发现，眼前的这名销售人员好像很陌生。于是，商人便有点不好意思地对乔治说："小伙子，你贵姓呀？现在有没有一些好一点的车？拿一份目录来给我看看，给我介绍介绍吧。"

当乔治离开时，他兴奋得几乎要跳起来了，因为他已经拿到了两台重型汽车的订单。

从乔治拿出产品目录到商人决定购买的整个过程中，乔治说的话加起来也不超过10句。

重型汽车交易成功的关键，是由那位商人道出来的，他说："我是看到你非常实在，有诚意又很尊重我，所以我才向你买车的。"

倾听是一种礼貌，是一种尊重讲话者的表现，是对讲话者的一种高度赞美，更是对讲话者最好的恭维。

每个人都希望获得别人的尊重，受到别人的重视。当销售人员全神贯注地听客户讲话时，客户一定会有一种被尊重和被重视的感觉，双方之间的距离也因此会被拉近。

因此，在适当的时候，让你的嘴巴休息一下吧，多听听客户的话。当你满足了客户被尊重的需要时，你也会因此而获益的。

在现实生活中，无论是你的亲人、朋友或是自己的客户，我们都应该给他们一个说话的机会，只有学会冷静地对待问题，你才能知道事情的真相，才能了解别人内心真实的想法。

不给别人说话的机会，你永远不知道对方想说什么，更不知道他内心真正的想法和需求，自然也就拿不到订单！

第8章
认真、耐心地有效倾听，胜过一味地推销

在销售过程中，销售员应鼓励客户说，听取他们的意见直至理解他们的观点，包括他们的需求和顾虑。如果要成为销售行业中杰出的人，一定要在倾听方面多下功夫。

倾听是一种有目的的听觉

成功的推销人员深知良好的倾听和沟通能力是其取胜的法宝。多数人想当然地认为倾听是一种与生俱来的技能。他们错将听见某人说话当作倾听行为。通常，他们最多吸收25%的谈话内容。实际上，倾听是有目的的听觉。这是一个相当积极的过程，人们必须专心倾听说话者所说的内容。

虽然能言善辩是一位优秀销售员必须具备的重要能力之一，但是，成功的销售员不仅仅是一位口齿伶俐的说客，更是

一位出色的听众。

销售员良好的倾听的两个主要目标，就是要告诉客户：自己非常专心地倾听他们的说话，而且也完全了解客户所说的意思。最好的办法就是在倾听时尽量不要分心，更不要假意倾听。

在必要的时候要对客户表现出同情心。

销售员在专心倾听时，可以不时地做些反应性回答，比如"噢，是的""你是对的""我知道你的观点"，或"当然"，等等。这些用词都是你在倾听时偶尔插话的关键词，这样，客户就会觉得你真的在听他的话，而且相当赞同他的看法。另外一些更加具体的反应性回答包括"这一点对你很重要，不是吗？""我能想象出你当时的感受""我想多了解一些事件的细节"。

要向客户表示你已经了解他们的心情，可以对客户说，"我明白你的意思""很多人这么看""很高兴你能提出这个问题""我明白了你为什么这么说"，等等。

学会倾听其实是一件很容易的事情，只要销售员用心，在别人讲话时，给予充分的尊重与肯定，那么销售员也将会得到客户更多的尊重，与客户交流也会变得更愉快。尊重客户的需求，才能让销售员赢得发言的权利。

每个人都有自己的立场及价值观，因此，销售员必须站在对方的立场，仔细地倾听他所说的每一句话，不要用自己的价值观去指责或评断对方的想法，要想办法引发客户的共鸣。

在倾听时，不仅要听客户的言辞，还要剖析言辞中所蕴含的真正含义，把握客户的心理，从而洞悉其需要什么、关心什么、担心什么。只有了解客户的心理，销售才会更有针对性。不论是客户的称赞、抱怨、驳斥，还是警告、责难，都要仔细地聆听，并适时做出反应，以表示销售员的关心与重视，这样才能赢得客户的好感，进而达成交易。

当客户所说的事情，对销售可能造成不利时，销售员听到后不要立刻反驳，可先请客户针对事情做更详细的解释。

点头或者微笑可以表示销售员赞同客户说的内容，表明销售员与说话人意见相合。客户会体会到被认同的喜悦，这有利于今后的销售。

全神贯注地听，不要边听边做小动作。人们总是把乱写乱画、胡乱摆弄纸张或看手表解释为心不在焉——即使销售员很认真也是如此。在客户说话时，销售员若左顾右盼，不停地看表，翻手头的资料，或做别的小动作，销售员这笔生意估计也要泡汤了。

销售员明明没兴趣的事，就别问这问那。虽然销售员是顺着人家说的事问下来，但问得太深入，反而会让对方失去谈下去的意愿，当然，也就谈不上沟通了。

销售员的肢体语言同样向客户传送着各种信号。要做一个活跃的听众。如果客户认为销售员不感兴趣，他会中止谈话。销售员要频繁地注视着对方，作记录、坐得笔直、不断点头，以使对方知道销售员听明白了他说的是什么。

销售员对客户所说的话可能和他真正的意思有出入。"我们的计算机系统对于现在的需求来说足够了，"可能会被理解为对新系统没什么兴趣。为了进一步弄清楚，销售员可以问，"这意思是不是说您对现在的系统完全满意了呢？"这就使该客户有机会说。"也不完全是，现在是足够了，但它没有给将来的扩展留下太多的空间。"通过确认销售员是否理解了对方的回答，销售员就会发现客户的需求，并且为下一步的工作创造了机会。

胸怀宽广的销售员能包容客户发泄心中的不满，倾听客户的心声。对于销售员来说是一种难能可贵的品质。因为只有善于倾听客户心声的销售员才会拉近与客户之间的心理距离，从情感上赢得客户。倾听是一种极为重要、有效的激励方法，它能促进客户主动对公司做出贡献，使公司获得更高的工作效率。要是销售员不能聆听客户的心声，客户就会因不被重视而失去购买兴趣。

从客户谈话中掌握有用的信息

很多营销人员在营销过程中总是抱怨，客户对自己的产品没有兴趣，对自己要求过于苛刻，抱怨自己在营销的过程中无从下手，处处失败。其实，只要你用心倾听客户的话，并从这些话中筛选出对自己有用的信息，你就会在销售的过程中处于有利的地位。

单单是客户话语中蕴含的无尽的意思，就值得我们倾听，倾听他们内心种种需求和欲望；倾听他们对你的态度和意见；倾听他们对你的商品的意见和建议；倾听他们未来的购买意向……只要你用心倾听，总能得到一些对自己有用的信息。如果你能够运用技巧，旁敲侧击地诱使客户说出自己心中真实的想法和需求，你的销售就已经成功了一半。

李会营师范大学毕业后，不甘于过平凡的数学教师的生活，决定自己下海做生意。可是他思索再三却不知道做什么生意好。于是就找到已经在装修生意上小有成就的同学史鹏飞，说要去他的公司磨炼一段时间。就这样，李会营来到史鹏飞的公司，做了一名最底层的营销人员。

李会营在工作上十分勤奋、认真，不像其他销售人员那样，仅仅是凭着一张嘴不停地向客户销售商品，试图通过客户对产品的无知来说服客户就范。在和客户沟通的时候，他很少说，而是拿着一个本子，很细心地听客户的意见，一边听一边将客户的话记录在本子上，到了晚上再细细琢磨研究。同事都认为他这是多此一举。但李会营坚持下来了。三个月后，李会营记录了满满十个笔记本。他充分地发挥了自己的数学优势，将客户的意见进行统计汇总，然后再进行推断。

第四个月，李会营觉得时机成熟了，就向他的朋友请辞。自己回家开了一家液态涂料装饰公司。

一年半过去了，液态涂料风靡整个装饰市场，李会营成了真正的大赢家。当李会营开着奔驰车来请同学史鹏飞吃饭的时候，史鹏飞很吃惊，他不敢相信眼前的李会营能够这么快地发家。酒过三巡，史鹏飞问出了自己心中最大的疑惑："会营，你是怎么发现液态涂料会在未来成为一种家装趋势呢？"

李会营猛干了一杯说："没什么其他的方法，一句话，多听听客户的心声，从客户的话语中发现商机。"

史鹏飞这时才对李会营一年半之前用本子记录客户的话的行为恍然大悟。

原来，李会营从客户的话语中了解到，大多数客户在考虑家装涂料时，都会考虑涂料里含不含甲醛，而现在大部分的涂料里都含有甲醛，而且颜色太过呆板。李会营从网上搜索发现，液态涂料是一种绿色产品，可以根据客户的要求涂成各种不同的图案。李会营瞅准商机，从而取得了成功。

客户的话语可以向我们传达很多信息，可以给我们很多帮助。它就像是游戏中的金币，谁获得的越多，谁获得的奖励也就越多。只有愚蠢的销售员才会让客户的话语从自己的耳边白白溜走。聪明的销售员是不会放过客户话语中蕴含的无穷的意思的。

对一名销售人员而言，客户的话语是一张通往藏宝之地的藏宝图，只要你读懂了，并按照它的方向走下去，你就会找到那个取之不尽、用之不竭的藏宝之地。

善于倾听客户的意见和建议

客户的意见和建议是企业创新的源泉。通过倾听，我们可以得到有效的信息，并可据此进行创新，促进企业更好地发展，为客户创造更多的价值。

当然，还应要求企业的销售人员能正确识别客户的要求，正确地把信息传达给产品生产者，以最快的速度生产出最符合客户要求的产品，满足客户的需求。

宫守毅是青岛市某化工厂的工人，1997年8月下岗后来到一家小区的农贸市场，摆摊卖起了冷冻肉食品。夏末秋初是青岛天气最热的时候，他每天上的货很快就化冻了，有的卖到下午就开始变质，如果再招上苍蝇，就更加无人问津。算上减价处理和扔掉的货物，官守毅经常干亏本的买卖。观察了几个月后，善于动脑筋的他给海尔集团写了一封信，建议生产一种适合农贸市场使用的台式副食品保鲜柜，既能保鲜，又能防止苍蝇和灰尘污染食品。接到信后，海尔冷柜总公司用一个月的时间拿出了样机，并摆在了官守毅的摊位上。接下来的几个月里，官守毅又帮助海尔总结新产品使用过程中的利弊，并提出了自己的意见和建议。在海尔和客户的共同努力下，"小海牛"副食保鲜柜终于面市，解决了许多客户食品保鲜的难题。

"小海牛"批量生产的第一天，海尔冷柜总公司特别要求官守毅作为嘉宾参加首发式，以感谢他的协助与支持。

海尔集团董事局主席张瑞敏认为：出色的公司不仅是在服务、质量、可靠性和开拓市场方面比别人强，它们还善于听取客户意见。这些公司之所以在质量、服务等方面这么强，很大程度上还是由于他们注重客户需要，善于倾听客户的意见，并把客户请到公司里来。

张瑞敏曾为洪秀銮女士出版的《优质服务——抱怨是最好的礼物》一书写了推荐序。他写道：海尔集团创立16年间，能把一个年销售额仅348万元人民币、资不抵债的小厂，发展到年销售额超过400亿元人民币的国际化公司，就是靠了解抱怨、化解抱怨，不断为客户提供优质服务获得的。客户的怨言对企业是良药忠言，企业要视抱怨为黄金、为礼物。

张瑞敏在序中最后写道：其实能根据客户的抱怨不断改进工作，是真正增加了企业的资产。从狭义上看，企业的资产是厂房、设备、资金等硬件。但从广义上看，企业永恒的资产是指那些忠诚于本企业品牌的客户，谁拥有更多高忠诚度的客户，谁就拥有了更多的资产。反之，不仅失去了市场，资产也会成为负债，以致资不抵债。

客户的抱怨是最好的礼物。客户抱怨的内容，正是企业工作改进的方向。

在山东济宁一个农家院里，海尔集团产品经理看到了这样的一幕：夫妻两人正抬着洗衣机往院子里走，"小心点，别碰着洗衣机！"妻子一边小心地走，一边提醒丈夫。在水井旁，两人小心翼翼地放下洗衣机。妻子把地上的一大堆衣服放进洗衣机，丈夫则用手压泵从水井里往洗衣机里压水。

经理走上前和夫妻两人聊起了家常。"我们这儿没有自来水，每次洗衣服都得把洗衣机抬到院子里，洗完再抬回去。抬进抬出的太麻烦，还免不了磕磕碰碰。瞧，这是以前不小心磕的，都生锈了。俺邻居家塑料外壳的就好。"妻子抱怨着。

"一次洗这么多衣服？"经理看着一大堆衣服，问道。

丈夫说："家里人口多，农活又忙，攒一块儿洗还省事，这洗衣机我都嫌小了呢！"

于是，聪明的海尔人开发了洗得净、大容量、全塑外壳的洗衣机，非常受农村消费者的欢迎。

善于听取客户的声音是企业进行产品开发，改进服务，赢得市场的根本。有许多企业的销售人员不善于听取客户的意见，也就不能根据客户的需求创新和服务。有的企业虽然每天都在接触客户，也建立了这样或者那样倾听客户声音的渠道，但对客户的意见和建议仅仅停留在一个较低的层次上，只满足于对一些具体事情的处理上，没有提高到为企业开拓市场服务这个层面上来，对客户的需求和想法常常是做一番"对不起，我们暂时没有这种产品"的解释，虽然也是听了，却称不上"善听"。

市场源于需求，需求来自客户。企业要开拓市场，很重要的一项工作就是要善于听取客户的意见和建议，摸清客户在想什么，需要什么。把客户的想法和需求琢磨透了，就会针对这些想法和需求，开发出功能完善的产品，为客户提供满意的服务，从而在激励的市场竞争中找到好的卖点。

有效倾听：听见、听清和听懂

倾听对人际交往至关重要，但在与人交谈和沟通的过程中，有的人能够做到倾听别人的谈话，但过后再问他究竟听对方讲些什么，却又说不清楚。这样的人只能说是在听别人的讲话，而不是有效倾听。

有效倾听首先应该是用心地聆听对方的谈话，不仅要听，更要听得清、听得懂。如果对方在一旁大谈特谈自己的经历和故事，而你却心不在焉，一边听一边在想着其他的事，那么就没有达到倾听的目的和效果。这样的听就算不上是倾听。

平日我们也常听到有人抱怨，或者我们自己也一直在抱怨："为什么表达自己是那样的难。我总是那么笨嘴拙舌的，不善言谈，所以无法很好地与别人相处，人际关系也就总处理不好。"不善言谈的人，亦是不善倾听他人言谈的人。因为他在交往中过于在意自己的行为，总是不断地惦念着：一定不能让对方笑话自己，要把话说得漂亮些，否则就得不到对方的认同。另一方面，他又为自己的说话达不到那种理想程度而感到十分苦闷。这样，当然也就不会聚精会神地倾听对方的说话了，免不了忽视对方，很难真正在听别人讲话，而只是随便地点头附和，心不在焉地听听而已，有时甚至不等对方把一段话说完就迫不及待地自己说了起来。这是一种只要求对方听自己说话的单方面的交谈方式。

方小姐在某保险公司从事外勤工作已20年了，是个经验非常丰富的行家。就是在公司众多外勤人员中，她的成绩也一直是出类拔萃的。她在劝客户上保险时不采用劝说的方法，这正是与其他外勤人员的不同之处。后者通常的做法是在客户面前摆上好几本小册子，然后向他们说明到期时间和应收金额，并口若悬河地以一种非常熟练的语调反复地讲述客户在投保后，将能得到多大的好处。

而方小姐却与此相反，这样的话一句也不说。她总是从对方感兴趣的话题说起，稍许谈谈自己在这方面的无知和失败的体会。对劝说投保一事素存戒心的对方因为她谈的是自己喜欢的话题，这样便在无意中跟着她谈了起来。之后她总是听着，并为对方的讲述而感到钦佩和惊叹。对方却不知不觉地倾吐了内心的烦恼，谈了自己对将来的理想和希望。方小姐依然还是专心地听着。直到最后，自己才主动地说出投保的想法："这么说，还需要适当地投保啊！"

方小姐是一个善听人言的高手。不过，在此可以断言的是：她并不是因为生意上的缘故而装出一副倾听对方言谈的样子的。与此相反，方小姐在这段时间里甚至忘记了工作，诚心诚意地极其认真地听对方讲话。也正因为如此，对方才会对她敞开心扉，吐露真情。即使在旁人看来，他们之间的对话像是单方面的，但实际上，这二人进行着心灵上的交流和沟通。

要做一个善听人言者，这比任何一个雄辩者都要更吸引人，同时也是搞好人际关系的最有效的手段。

那么，怎样做到有效倾听呢？

1. 全神贯注地倾听

倾听时要精神集中，神情专注。为表示自己注意倾听，要多与对方交流目光，别人讲话时要适时点头，并发出"是""对""哦"等应答。但不要轻易打断别人的谈话，也不要随便插话，若非插话不可，要先向对方表示抱歉，并征得对方同意，如"对不起，我可以提个问题吗？"或"请允许我打断一下。"

2. 耐心倾听

交谈中要注意控制自己的情绪。有时会因为对方过长的发言或自己不感兴趣的话题而感到厌烦，这时要学会控制自己的情绪，不要使之表露出来，要耐心听他把话讲完，这是对讲话人的尊重。特别是对方有意见的时候，要耐心倾听，给对方提供宣泄自己不满的机会。

3. 不随意插话和妄下论断

交谈中要尊重对方的观点，即使你不同意别人的看法，也不要轻易打断别人的谈话。如确有必要，需等人家讲完后再阐明自己的观点。特别是对方还没有充分地把自己的意思表达清楚的时候，不要轻易表态，乱下断语，也不要挑剔批评。要抛弃那些先入为主的观念，才能耐心地倾听客户的讲话，才能正确理解对方讲话所传递的信息，从而准确地把握对方话语的核心，才能客观和公正地听取、接受对方的疑惑与不满。即便是根本不同意客户的观点，也要耐心地听对方讲完。听得越多，就越容易发现客户的真正动机和主要的反对意见，从而有针对性地调整下一步的销售策略。

4. 有鉴别地去倾听

有鉴别地去听必须建立在专心倾听的基础上，因为不用心听，就无法鉴别出客户所传递出来的信息。例如"太贵了"，这几乎是每一位客户的口头禅，言外之意就是"我不想出这个价"，而不是"我没有那么多钱"。如果不能辨别其背后的真正含义，往往就会错把客户的借口当做反对意见而加以反驳，从而很容易激怒客户。同时，也让客户找到了为自己进行辩护的借口，也就会在无形中增加销售的阻力。

所以，只有对客户的谈话内容进行恰当的鉴别，才能摸清客户的真实意图。只有在掌握了客户真正意图的基础上，才能更有效地调整谈话策略，从而对客户进行更有针对性的说服工作。

5. 积极、及时的回应

客户在倾诉过程中需要得到销售人员的及时回应，如果销售人员不作任何回应，客户就会觉得这种谈话非常无味。点头、微笑、肯定，身体前倾，眼神交流等都是一种回应。我们说"是的""对的""我也有这样的感受""我能完全理解您的心情"等，都能及时表现出你对客户的关注。回应可以使客户感到被支持和被认可，当客户讲到要点或停顿的间隙，适当给予回应，可以激发客户继续说下去。

6.巧妙提问

倾听，往往要和引导性提问结合起来，才能发挥最大威力。为此，销售人员必须学会引导和鼓励客户谈话。为使整个沟通实现良性互动，更为了销售目标的顺利实现，可以通过适当的提问来引导客户敞开心扉。你可以通过开放式提问的方式使客户更畅快地表达内心的需求，比如用"为什么……""什么……""怎么样……""如何……"等疑问句来发问。在每个阶段，提问都要推动着销售对话的进程。

客户会根据销售人员的问题说出内心的想法。之后，销售人员就要针对客户说出的问题寻求解决问题的途径。这时，销售人员还可以利用耐心询问等方式与客户一起商量，以找到解决问题的最佳方式。

即使对客户的话不感兴趣，也要耐心听完

俗话说："酒逢知己千杯少，话不投机半句多。"当你听到客户在谈论一些和你的业务毫不相干的东西时，比如客户跟

你讨论你并不喜欢的NBA或抱怨现在的物价又涨了，你总会表现出不耐烦的情绪。如果你真的碰到这样的客户，我劝你静下心来，耐心地听客户的倾诉，也许，当他把话说完以后，你们就真的成为了无话不说的知己，那么他购买你的东西也就是顺理成章的事情。

一个手机连锁公司来学校招聘手机销售人员，经过层层选拔，最终只剩下了两个非常优秀的人，小王和小李，但是公司的录用名额只有一个。

从各方面的考核来看，二者的能力都旗鼓相当，两人都在学校担任学生会干部，都有很强的组织能力和口才，而且都在大学期间做过不少兼职工作。究竟舍谁取谁？负责应聘的韩经理开始犯愁了。万般无奈之下，韩经理将这一情况报告给了公司的聂总。

聂总想了想说，让他们两个都来前台试试吧。

在公司的安排下，小王和小李来到了公司的销售前台，他们的考核标准是看谁先卖出第一部手机。

韩主任刚刚说完考核标准不到5分钟，就进来一位穿着十分考究的中年人，他径直走到前台，先站在了小李的柜台前。

"先生，请随便看吧，如果需要的话，可以拿出来试一下。"小李很热情地说。

"哦，我想看一下摩托罗拉E2型号的手机。"

"噢，对不起，您要的那款手机已经停产了，我们这里没有货。"小李表示抱歉地说，"不过我可以帮您推荐另一款更好的款型，摩托罗拉E6型号的手机，这款手机卖的非常火。"

"什么？停产了？你不知道，我看到我的一个同事正在用这款手机，感觉相当不错，是周杰伦代言的音乐手机。你知道吗？我的同事非常喜欢他的手机，你知道都到了什么地步了吗？我给你讲一下，都笑死我了……"这个中年人滔滔不绝，但是却离买手机的话题越来越远。

小李对中年人说的东西没有任何兴趣，他只想赶快卖出自己的第一部手机。很快，小李就对这个客户的话表现出不耐烦的样子。中年人看此情景，就知趣地走开，来到小王的柜台前。

中年人故伎重施，但这次，小王却一直微笑着听着，没有任何不愉快的表情。中年人很高兴。

中年人对小王说："小伙子，恭喜你，你被录取了。欢迎你加入我们的团队。"说完，中年人又走到正感到吃惊的小李面前说："不是你不够优秀，而是作为一名销售人员，你缺乏足够的耐性。"

小李没有输在自己的先天素质上，而是输在了自己的后天修养上。

一位营销人员，如果没有足够的耐心，就不能用心地听完客户的倾诉；没有足够的包容心，就不能达到与客户的心灵沟通。每个人都希望自己的倾诉得到别人的肯定，尤其当一些客户在和你沟通时，往往因为他的目标不够明确，不知不觉中就使交谈的主题偏离了你销售的目的，这个时候一定要不急不躁，耐心地倾听客户的谈话。要记住：你对客户耐心地倾听，不仅是对客户的尊重，更是自己素质和修养的体现。

如果你总是对客户的话"充耳不闻"或者"答非所问"，就会让客户感觉你不够尊重他，从而使原本很可能成交的一单生意泡汤了。

即使客户说的是你不感兴趣的话，甚至是一些批评、指责你的话语，都要让自己静下心来，耐心地倾听。你只有让客户对你的服务满意，让客户感觉你在乎他说的每一句话，他才会满足你的口袋，心甘情愿地购买你的产品！你一定要明白，对客户耐心，最终受益的不只是客户，更是你自己！

用心听对方说话，不要急于否定客户

在销售过程中，你是否因为急于反驳否定客户的观点失去生意呢？下面我们来看一个例子。

小吴从事电子零部件的批发生意，主要是向一些代理商推荐新款的电子产品。有一款新型的电脑刚刚上市，在价格上只比旧款贵了200多元，但是在配置上要比旧款强出很多，而且使用寿命也有所延长。小吴极力向代理商推荐这款产品，并告诉他产品是如何如何地好，多么多么地受消费者欢迎！但是客户考虑到他们地区的客户消费水平有限，就决定先进货10台试验一下，如果市场反响好，再多进一些。但是小吴考虑到向他们那送货比较麻烦，就强烈要求他一次要20台，并举出其他代理商的销售情况来说服他，小吴和客户激烈地讨论了很长时间。

结果最后客户一台机器都不要了，而且很生气地说："以后不要再让我看到你，我们之间再也不可能合作！"听到客户的话，小吴感到很委屈，让他多进一些，也是为了他好，为什么他就不领情呢？反把我的好心当成驴肝肺。回到公司之后，小吴认真分析了自己失败的原因，发现原因出在自己的身上。当他提出先试卖10台新型机器的时候，自己不应该强烈反对他的想法，毕竟他们那个区域的消费水平，他比我了解得更清楚。之后不久，小吴的一个同事也向那个代理商推荐了同一型号的电脑，并答应了他的要求，第一次给他10台试卖，如果市场反响好，再多进一些。

不到一个星期的时间，那种新款的电脑就一卖而空，代理商给同事打电话，一次就进货100多台。现在，仅仅这一家代理商，一个月就有几百台的销量。

虽然小吴后悔不已，但是为时已晚。如果当初小吴接受代理商先试卖10台机器的要求，现在每个月多卖出几百台电脑的人，就不是他的同事，而是小吴。既然那个代理商具有如此大的销售能力，他还能够代销其他的电子产品，这样算下来，小吴将增加一个很大的订单，但是现在说什么都已经来不及了。

试想一下，如果你正在和一个人谈话，对方不但不专心听你说话，反而总是和你辩论不休，把所有的精力都放在思考如何反驳你的观点上了，你会不会觉得心里很不爽呢？

没错，在和人交谈的过程中，最怕的不是对方没有用心听你说话，而是他在听，但是精力却不放在听上，而是在思考如何发表自己的意见，如何反驳你的观点。倾听，需要全身心地投入，需要认真聆听对方的观点，此时，你千万不要打断对方的观点，更不能想着如何去反驳别人。

销售人员更是如此，如果你在每次倾听客户话语的时候，都要和客户争辩不休，这样你不但不能抓住客户说话的重点内容，还会使客户对你产生反感。

在聆听客户谈话的时候，做到耐心认真，让客户说出自己最真实的想法，给客户说出自己观点的机会，不要一听到客户的观点和自己不一致，就开始反驳。就算是客户错了，也不要当面反驳，而是有礼貌地给客户台阶下，如果你懂得尊重客户，给客户留足面子，客户就会感激你、喜欢你，自然就会买你的东西，这无论是对客户，还是对销售人员自己，都不失是一种两全其美的选择！

耐心地倾听，化干戈为玉帛

倾听是一种非常重要的沟通交流方式，只有让客户痛痛快快地说出自己的观点和意见，你才能与其进行更深层次的沟通。客户的抱怨，不是需要你的激烈争辩才能化解的，这样只能让客户更加烦躁和不满，从而使矛盾激化。尝试着静静地聆听客户的暴怒，你会发现，这是解决争端最有效的方法。

有一名客户怒气冲冲地冲进了一家按摩器代理店，把一台颈椎按摩器扔到柜台上，对着店里的工作人员王磊大声喝道："你们都是骗子，你们卖给我的按摩器是假的，根本没有任何效果。"

王磊很客气地请客户坐下，然后心平气和地说："先生，您能具体说一下您遇到的问题吗？"

"我上个月颈椎感到不舒服，同事告诉我是长时间坐着办公的结果，建议我去买一个按摩器多给自己按摩一下就行了。我就来你们按摩店，听了你们的忽悠以后，花了五百多买了一台颈椎按摩器。谁知道，你们是骗子，我都用了一个多月了，可我的颈椎还是没见好转。你们都是骗子。"客户越说越激动。

王磊赶紧给客户倒了一杯茶，然后边问"先生，您买的是这款按摩器吧？"，边拿起客户扔在柜台上的按摩器。

"是的。"

"先生，您是从事什么工作的呢？"

"我在银行工作。"

"那您每天用多长时间来按摩呢？"

"20分钟。"

"先生，那我现在给您按摩一下，您感觉一下好吗？"王磊拿起按摩器给客户按摩起来。20分钟后，客户感到非常舒服。

客户十分好奇地问道："为什么你按摩的时候很有效果呢？"

"先生，请问你在按摩的时候打开磁震动开关了吗？"

"磁震动开关？没有啊！"

"先生，您看，就是这个小红色按钮，您忽略了这一点，您买的这款可是磁震动按摩器，如果您没有打开磁震动开关，怎么会有效果呢？"

那位客户满脸歉意地说："真不好意思啊。你看我刚才太冲动了。"客户这才明白，不是按摩器本身的问题，而是自己的使用方法不当。

王磊很自然地和客户攀谈起来："我能理解您的心情，曾经有一位客户也出现过和您一样的情况，他也是忘了这个特殊的按键了。用了一周之后，没有任何效果，就来找我算账，骂我们是骗子。当时我也非常生气，就和他争吵起来。最后闹了个不欢而散，问题也没有解决。"

没错，解决问题的态度和方式非常非常的重要。有时客户难免会因为对产品专业知识的缺乏犯一些错误，也会因为一些沟通上的误解大发脾气，这个时候，如果不经过大脑的思考，和客户硬碰硬，即使最后你辩论赢了，你的形象也会在客户心中大打折扣。为什么不试着认真聆听客户的抱怨，从客户的抱怨中找到问题的根源，从而再去寻找解决问题的办法呢？

在面对客户的抱怨和烦躁情绪的时候，如果能够做到下面的几点，你就可以了解客户抱怨的真相，从而驾驭客户的情绪。

1. 用心聆听客户的话。一旦客户对你产生了抱怨的情绪，情绪过于激动、烦躁不安，甚至说了一些难以入耳的话，这个时候千万不要对客户做任何的解释，更不要和客户争辩，而是静静地聆听，等他把抱怨和不满都发泄出来，情绪安静下来的时候，再询问他事情的原因。这个时候，你可以一言不发，但是要用一些肢体语言来证明你在听他说话，并表现出对他的理解和关心。比如，用眼睛平视客户，并时不时地对客户的话点头表示肯定，让他知道你不是在敷衍他，而是在认真地听他说话。

2. 明确客户表达的意思。客户一旦把烦躁和抱怨发泄完毕，情绪就会缓和下来。对于客户反映的问题，如果你还有不明白的地方，千万不要不懂装懂，而要确定一下客户要表达的真正意思。比如，你可以说："我还是有点不太明白您的意思，能不能麻烦您再解释一下？"在提问的时候，尽可能地使自己的口气委婉，为了避免让客户产生"被质问""被否定""被瞧不起"的感觉，一定不要强行打断客户的话，或者用"但是，请您等一下"之类的语言来和客户对话。在说话时，要面带微笑。

3. 站在客户的立场上来解决问题。客户的抱怨有时是小题大做，因为一个不起眼的小问题而抱怨不休，此时，你千万不要因为不重要就把问题放在一边，而应全力以赴地解决问题，让客户意识到你对他的重视。

大家都知道，一只发怒的老虎，让它不伤害你的唯一的办法，就是让它安静下来，其实一个处于烦躁情绪中的客户，就是一只"发怒的老虎"，你只有用心聆听，才可以使他烦躁不安的情绪得到宣泄。

第 9 章

聆听弦外之音，听出客户话语背后的潜台词

俗话说："听话听声，锣鼓听音。"这个"声"指的就是言外之意。同样的话对于不同的人来说有不同的含义，因此，我们要学会揣摩客户话语中所隐含的意义，以做到应对自如。

做到会听是不那么容易的

会说话的人都是会听话的人。不是哇啦哇啦地说个不停，静静倾听的人很可能是最会说话的人。

在日常交往中，要做到会听是相当困难的。不要说会听，有的人甚至连互相交谈的基本原则都做不到。对方一开口，立刻打断对方，自己却长篇大论地讲个不停。等到对方感到不快而索性不说了，他反而认为对方被自己说服了，因而得意洋洋，这样的人还真不少。通常自己的毛病是不太容易发现的。

日常会话是提高讲话水准的舞台。销售人员应留心别人对话中的一些坏毛病，使之成为警惕自己的好材料。

在和对方的谈话过程中，会听是很重要的一环。这是博得对方好感的一个秘诀。遗憾的是，不少销售人员急于推销商品，把对方讲的话都当成耳边风，而且总是迫不及待地在交谈中问问题或打断对方的话，或申述自己的观点。这些都是不适当的。

如果想使交易成功，客户滔滔不绝地讲话时就是成功到来的有利时机，你应该为此高兴，立刻提起精神来听，并不时兴趣盎然地说："后来呢？"以催促对方继续往下说，要用好像听得出了神的样子去倾听对方的谈话。

对于喜欢说话的客户，销售人员只要洗耳恭听，他就会笑容满面，高兴得不得了。在这种情况下，当对方关住话匣子时，紧接着很可能说："就这么决定了，我们签协议吧！"即使签不了合约，他也会很高兴地等待着您的下一次来访。

就一般的交谈内容而言，并非总是包含许多有用的信息。有时，一些普通的话题对你来说可能没有什么实际意义，但客户的谈兴却很浓。这时，出于对客户的尊重，你应该保持足够的耐心，听客户说下去，切记不要流露出厌烦的神色。

专家统计结果显示，一个人的说话速度大致在每分钟120~180字之间，而人的大脑思维的反应速度却要快得多。所以，在现实中往往会遇到这种情况，很可能客户还没有将话说完，或者客户只是说出了其中几句话，而你就已知道了他的全部意思。

这时，由于已经了解了对方的意图，思想也就随之放松了，这种细微的心理变化在你的外表上又往往会表现为一些心不在焉的下意识动作和神情，以至于对客户接下来的言语"充耳不闻"。

而当客户突然问你一些问题和请教你的见解时，如果你一愣神，或者答非所问，客户就会感到十分难堪和不快，觉得自己是在"对牛弹琴"，从而就会对接下来双方的沟通产生不利的影响。

在与客户接触时，越是耐心倾听客户的意见，销售成功的可能性就越大，因为聆听是褒奖客户谈话的一种方式。对于同一销售人员来说，听客户谈话应做到像自己谈话那样，始终保持饱满的热情与良好的精神状态，并时刻专心致志地注视着客户。当然，如果你确实觉得客户讲得淡而无味、浪费时间的话，可以巧妙地提一些你感兴趣的问题，以此转移对方的谈兴。但是，要注意绝不能随意打断客户的话，应当让他心平气和地讲完，即使他的意见不是新的或不符合实际情况，也要听下去。

从倾听中了解客户的真实需求

在和客户沟通的过程中，不要老想着自己能够赚到多少钱，而是要想想你为客户做了多少事情。在倾听的过程中，努力了解客户内心最真实的想法；当你站在客户的立场上思考和处理问题，并为他做出让步的时候，客户自然就愿签下订单。这也是你整个销售过程中最想达到的目的。

王军是一家机床设备的代理商。有一天早晨他接到了客户刘先生的电话，告诉他自己的工厂急需两台设备，需要他来厂里报价，越快越好。王军放下手中的电话，就开始准备谈判所需要的合同和资料，一个小时之后，王军就赶到了客户的工厂。客户对王军这种守时的精神很赞赏，然后就开始谈判购买设备的事情。经过一个半小时的谈判，客户对王军的产品相当满意，但是在价格上却和他发生了争议。

这个客户是王军的老客户，所以在最初谈价格的时候，就已经把价格压到最低：一台设备是230万元，两台自然就是460万元，设备安装之后的一周内付款。客户给的价钱是430万元，货到一周之后付清。王军的报价已经是最低价了，如果按照客户说的430万元，不但自己赚不到钱，而且还要向里面倒贴进23万元。

这个时候，客户开始犹豫起来，有些不好意思地说："王先生，你看这样可以吗？我先要一台，剩下的过一段时间再说。"

眼看马上到手的生意要出意外，王军的心里有些不高兴，但是又不好意思表现出来，于是就有一搭无一搭地和客户聊了起来。聊着聊着，就聊到厂子最近发展的事情，客户相当感慨地说："自己创业真不容易呀，我辛辛苦苦地打拼了四五年，挣的钱又全投了进去。这不，工厂的规模在逐渐扩大，需要的投入也多了起来，我本来准备引进4台设备，现在因为资金的周转问题，也只能先引进1台设备。如果现在谁能够借我500万元，周转两个月的时间，我就太感激他了！"

王军突然想到了公司有一条规定：对于公司内的老客户，设备汇款的时间可以延后两个月。王军灵机一动，接着客户的话颇有感触地说："是呀，自己创业确实不容易，公司里的事情，样样都需要您亲自打理。如果您真的是因为资金周转的问题，影响了公司的发展，那真是划不来的事情。刘总，您看这样如何，设备您先用着，汇款的事情，我向公司申请一下，尽量给你延缓两个月的时间。"

刘总听到王军的提议后兴奋不已，对王军非常感激。第二天王军就派人把设备送到了刘总的工厂。两个月之后，刘总准时地把460万元汇到了王军公司的账户，并且给王军打电话说："真的感谢你的帮助，让我度过了资金周转的困难期。最近我还需要增加两台设备，这次全是现款。"

可以说，王军能够拿到这样一批订单，所有的功劳都在他对客户的倾听上。如果在客户确定购买1台设备之后，他没有及时地和客户聊天沟通，而是拿到1台设备的订单之后，就急匆匆走人，相信他不可能在短短两个月的时间内卖出4台设备。在谈判过程中，王军主动提议让客户延后两个月付款，对客户进行了让步。但是正是这种方法，让原来1台设备的订单变成了4台。在这次谈判中，他不但没有吃亏，反而赚得更多，他得到的不仅仅是物质上的回报，更是在人情上留住了客户。

客户和销售人员经常会在价格和付款方式上争执不休，甚至因为这种争执，让即将到手的生意丢掉，这是得不偿失的事情。此时，你需要让自己变得灵活起来，不要在这些问题上死死地僵持，而要给客户留有一定的缓和余地。比如，你如果在价格上不能够给客户让步，可以在汇款方式上有所妥协，如果你在汇款方式上没有缓和的余地，可以在产品价格上有所优惠。只要你懂得适当地向客户妥协，就可以以退为进，把客户抓得更紧。

找出客户异议背后的真实意图

当客户真正对你的产品产生兴趣而又拿不定主意是买还是不买时，他们就会提出相应的异议，这些异议可能正是他们将要购买的一种信号。如果销售员对此处理得当的话，随后的成交就很有希望。

实际上，很多反对意见的背后都潜藏着客户渴望了解更多信息的真实意图。下面就是一些这样的例子：

异议：我不觉得这价钱代表着"一分价钱一分货"。

真实意图：除非你能证明你的产品物有所值。

异议：这尺寸看起来对我不大合适。

真实意图：除非你能证明我穿上大小、长短正合身。

异议：我从未听过你的公司。

真实意图：我愿意买你的货，但我想知道你的公司是否有信誉、值得信赖。

异议：我正在减少开支，所以我不想买任何新产品。

真实意图：除非你能使我确信你的产品真是我需要的，不然我是不会掏钱购买的。

异议：我只想四处逛逛，看看有没有什么别的合适产品。

真实意图：你要是能说服，我就买。否则，我就当是在散步。

客户们表达出的异议或许是出于各种不同的考虑，如果你找不出他们的真正用意，那你就会错过很多本来有可能成交的生意。

保罗是一名股票经纪人，他正试图推销ATR公司的5 000股股票。而他的潜在客户吉姆刚巧是他的邻居和好朋友。一开始，吉姆就对保罗提出了相左的意见，他说他只会对那些盈利的公司进行投资。

"ATR公司的股票今年下跌了5个百分点呢。"吉姆说。

"是的。"保罗赶紧回答说，"不过，它们的股票不会再贬值了。我们的股市分析家估计这些股票明年会上升8个百分点。"

"我不相信，除非我亲眼看到。这家公司已经有两年零三个月没有盈利了。"吉姆又说。

那么，吉姆表示出这种异议的真正原因到底是什么呢？原来，他的一个外甥也在推销股票，迫于对方的压力，他准备让外甥做他们的经纪人。但是，他又不想伤害保罗的感情，因为他们已经合作了20年之久。吉姆一味推托说明了他不知道如何去拒绝老朋友而不至于伤面子。可想而知，在这种情况下，即使保罗使出浑身解数，也是不可能说服吉姆的，因为他所说的一切都和吉姆的真正意图毫不相干。

也许辨别客户异议的最好办法就是当你提供肯定确凿的答案的时候，去留心观察对方的反应。一般说来，他们要是无动于衷的话，那就表明他们没有告诉你真正的异议。

另外需要注意的是，当客户对你提出一系列毫不相干的异议时，他们很可能是在掩饰那些真正困扰他们的原因。如果你懂得"要是不想购买的话，没有人会提出如此之多的真正异议"，那你就可以提一些问题，以便揭示出客户内心的真实意图。

细心聆听，洞悉对方的弦外之音

每个人在说话的时候都是有一定目的的，在与陌生人的谈话中，他的语言习惯与特点会透露出什么信息？他为什么要提这个问题？他为什么总说这个词语？他说这句话是他的本意吗？有没有什么话外音，等等，找出对方要表达的意思，我们就可以采取相应的对策了。

在与人的交谈中，正确地理解对方谈话的意图是非常重要的一件事。因为在人际沟通中，有很多现象是隐藏的，比如对方讲话含蓄，不直接告诉我们，而是采用迂回策略，拐着弯暗示，这时，就需要我们有较强的理解能力。

理解能力对于人际交往而言，是一个重要的前提条件。假如不具备一定的理解力，不明白对方的意思，那么其余一切沟通都无从谈起。如果我们的猜测不准确的话，还很容易产生误会。

有一天，一个中年男人到一家零售店里买剃须刀。"先生，"店员很有礼貌地说，"你想要好一点的，还是要次一点的？""当然是要好的，"客户有点不高兴地说，"不好的东西谁要？"店员就把最好的一种剃须刀拿了出来。

"这是最好的吗？""是的，而且是牌子最老的一种。""多少钱？""680元。""什么？为什么这样贵？我听说，最好的才200多元。""200多元的我们也有，但那不是最好的。""可是，也不至于差这么多钱呀！""差得并不多，还有十几元一个的呢。"

那位客户一听，面露不悦之色，掉头想离去。

这时店老板急忙赶了过去。"先生，你想买剃须刀是不是？我来介绍一种好产品给你。""什么样的？"老板拿出另外一种牌子来，说："就是这一种，请你看一看，样式还不错吧？""多少钱？""186元。""照你店员刚才的说法，这不是最好的，我不要。""我这位店员刚才没有说清楚，剃须刀有好几种牌子，每种牌子都有最好的货色，我刚拿出的这一种，是同一种牌子中最好的。""可是，为什么与那种牌子差那么多钱？""这是因为制造成本的关系，你知道，每种品牌的机器构造不一样，所用材料也不同，所以在价格上会有出入。至于那种品牌的价钱高，主要还是它的牌子老，信誉好，而且它可以更换充电电池，适合在外旅行时用。"客户痛快地买下了这个剃须刀，愉快地离开了。

店员错在没有摸清客户的真正心理。他一进门就要最好

的，这表明他优越感很强，可是一听价钱，他嫌太贵，这可能
与他的经济实力有关。客户把毛病推到店家头上，是因为他不
肯承认自己舍不得买。而老板明白客户的心理，在不损伤他优
越感的情形下，让他买了一种较便宜的货。

这位老板之所以销售成功就在于他善于倾听，能从对方的
谈话中巧妙地听出对方的弦外之音，打探出对方的虚实，进而
达到自己的目的。讲真话需要两个人：一个人说，另一个人听。

在工作中，听懂老板和领导的弦外之音更显得十分重要。

当上司询问你"还好吗"或者"工作顺利吗"，绝大部分
时间，他们并非想仔细探究你目前的状况，而是表现友善（但
不是太过友善），并希望你的问答是"一切都很好"。他们并
不想听到诸如工作中的不顺利、无法解决工作上遇到的问题、
因失恋而心情不好或者昨晚的醉酒还没醒，等等。

你的上司也许经常会关心你的情况。因为他们喜欢借着问
东问西来了解你的工作状况，或者他们闲来无事只是随口问
问，又或许他们已经察觉你出了什么问题。最安全的方法是：
进一步问得更明确些："您的意思是？"这比起你劈头就开口
说话要好得多。否则，你该回答一些不会造成问题的答案。

你一定免不了和上司聊聊电影，或者下班时一块儿去喝一
杯，而这样的关系确实让你觉得像朋友间的相处，但别忘了对
方是你的上司，拥有随时可以辞退你的权力。这也是为什么在

星期一早上，上司问候你"周末过得好吗"时，你都必须不露痕迹地表现出已经收心，现在正忘情于工作上的样子，尽管昨晚玩得多疯，还是得三缄其口。

和上司讨论问题的最好时机，绝非等他开口问候你之后。当上司问候你时，你最好礼貌地回答自己在任何方面都很好。

可见，上司的问话，有时并不需要你直接的答案，而是从问话中含有着更深一层的含义。作为下属，应该准确判断并领会这种弦外之音的具体指向。

客户说"我想到别家再看看"怎么办

当销售人员刚刚向客户将产品的每项优点都解释清楚之后，客户却说："我想到别家再看看。"这实在是很令人气馁的事。不过，在面对这种情况时，优秀的销售人员会利用各种技巧，转变客户的看法，当场完成销售。

1. 强调产品的品质

当客户说出"我想到别家再看看"这句话时，首先要分辨出他想到别家看的究竟是什么？是价格，是质量，还是服务？只有在弄清楚这一点后，才能对症下药。如果客户是出于价格的因素，就可以这样对他说："先生，每个人都希望买到物美价廉的商品，您到别的公司去看，他们的价格可能真的比我们的价格低。但是，我可以打包票地说，绝没有第二家能以这个优惠的价格来给您提供这么高质量的商品和优良的售后服务了。"

在说完这句话后，最好给客户留下足够的反应时间。因为你所说的都是实话，客户几乎没有办法来反驳这个事实。那么接下来，你就可以这样对客户说："先生，您不认为以这个价格来购买我们的产品和服务，是一种很划算的交易吗？"

因为你的产品的品质和服务确实符合这样的价格，你的客户如果不是故意刁难，应该不会做出否定的回答。然后，你可以继续问："先生，购买商品时肯定要考虑价格，但它并不是首要的。有时多花些钱来获得真正想要的优质产品，绝对是值得的，您说是吗？就像有些公司的采购人员只是致力于从供应商那里尽量获得最低的价格，而并不考虑产品本身的质量和以后的服务。我们知道，有时低价位产品产生的问题往往比它能够解决的问题还要多。而那些资深的采购人员更愿意获得最高品质的产品，而不是那些低价位的产品。先生，我想您肯定不会为了贪图那一点便宜，而不顾产品质量的好坏和服务的优劣吧？您肯定会为了您的长期利益着想，对吗？"

2. 对客户的要求表示理解

某客户需要买一台笔记本电脑，以便生意上的沟通能够更方便、更快捷。他跟销售人员通了电话，听完介绍后，他说想再到别家问问。

在这种情况下，就应该设法让客户说出他真正反对的理由。此时，销售人员可以用下面的办法：

销售人员："先生，跟您一模一样，很多客户在购买我们的笔记本电脑之前，想再到别家比较比较。我肯定您也一样想以手头现有的钱买到最好的笔记本电脑，以及最好的售后服务，对吗？"

客户："那当然是肯定的啦。"

销售人员："您可不可以告诉我，您想看些什么或者比较些什么呢？"

客户："……"（这时他说的第一句和第二句话，应该都是真正的反对理由——除非他只是想摆脱你）

销售人员："在您跟别家公司做完这些方面（一个个说出来）的比较之后，发现我们的最好，我想您一定会回来跟我购买的，对吗，先生？"（好了，这会儿是让客户说出打算的时候了）

3. 不妨摆出一种高姿态

"不好意思，我只是想试一下，我想到别家再看看。"

"既然您对这种商品的效用有点疑虑，我现在就给您比出效果来。您看，这是50元的，我们现在来跟这100元的比一下（做演示）。您看这效果是明显的不一样。如果您还是不相信的话，也可以再到别家问问，反正我的商品不怕试，也不怕比。即使您到别家去，也还是会再来的。"

在这里，销售人员就是向客户摆出一种高姿态：我们公司的东西不论在质量方面，还是价钱方面都是最棒的，您随便到哪家问，与哪家比，都是还会回来购买的。在实际的销售中，这种方法是比较有效的。客户一听销售人员这样说，很可能就不再犹豫。

怎样应对"改天再来"的客户

在销售过程中，你可能经常会遇到这样的客户：

"请您改天再来吧！我今天不买。"

"我现在不需要，过几天再说吧！"

通常情况下，进行这般推辞的客户，都属于下面两种类型的人：

第一种类型：感觉敏锐，能照顾对方的立场，很讲究礼貌；

第二种类型：优柔寡断，不能给予对方明确的答复。

1.对付第一种类型客户的方法

这种客户看起来沉静且易于接近，但事实上，要说服他们得花费相当多的工夫。在经过双方的简短交谈后，如果对方

"请你改天再来吧"的意愿仍然未变，那你就要改变策略了。

"冒昧打扰您了，真是抱歉。那么，我就改天再来拜访您吧。"

第一次拜访的时候，吃客户的"闭门羹"是很平常的事。所以，还要再接再厉进行第二次拜访。但如果第二次得到的答复仍同第一次一样，这笔生意成功的希望也就不大了。

2. 对付第二种类型客户的方法

当这种类型的人在推辞的时候，你要虚心地接受其意见：

"喔，是这样的啊，也难怪，现在物价上涨，谁买东西都要计划一下的。"

如果你接着说"不过……"，那么其效果就会大打折扣。遇到这种情形，经验丰富的销售人员应该这么说："考虑？这是当然的，一台空调几千元，再怎么样，也不能随随便便就决定买。国家相关部门曾经做过一项统计，统计结果表明，在咱们这里76%的家庭都有空调，这倒是相当惊人的。"

"76%"这个数字，无形之中会使客户产生"那我家就包括在剩余的24%里头了"的心理，从而引起客户购买的欲望。

总而言之，访问客户要按实际情况而定，或是"坚持到底"，或是"适时告辞"。

当然，最"保险"的方法莫过于先将商品的说明书交给客户，经过两天之后，再去拜访。

第 10 章

听不等于不说，倾听中要运用的插话技巧

　　销售的过程就是沟通的过程，不能让任何一方唱独角戏。学会倾听，也要学会插话，引导客户说出真正的想法，并且顺其自然地做出符合你所向往的行动。

"尼尔拉克姆模式"的倾听法

　　有经验的销售员总是先向客户提出一些试探性问题，引导对方说出真正的想法，并且顺其自然地做出符合你所向往的行动。

　　这是英国行为心理学家尼尔拉克姆在进行销售成功行为模式的研究中发现的。试探性的问题主要包括四个方面。只要你向对方提出那四个问题，就会在不知不觉中牵动被说服者的思绪朝着你预期的方向发展。以下就是一名成功的汽车销售员对

"尼尔拉克姆模式"的具体应用实例。这名销售员采取了如下步骤：

1. 以掌握劝说对象现况为目的的发问。如："你现在开的是什么车呢？""大概开了多少年？""车况如何？"

2. 质疑性问题。透过询问现况获得的情报，可以进一步探询出对方对于现状的不满和问题所在，从而唤起对方潜在的需要。比如你可以这样问道："现在开的车是否非常耗油呢？""从车的年代型号来考虑，有没有担心过它的安全性？"

3. 暗示性发问。企图扩大或加深对方对于眼前所遇困扰的不满意程度，透过暗示性发问，进一步提醒有可能发生的其他问题，好比："天天开车上下班，每个月的支出是否偏高呢？""安全性不好，如果万一出了问题怎么办？"

4. 解决性问题。为了明确套出对方潜在的畏惧和需求所在，可以提出相关的解决办法及暗示其重要性问题。比如你可以这样问道："你有没有想过换一辆比较不耗油的车，以减少每月的支出呢？""安全性能好的车体一般都配有安全气囊，开这种车上路就再也不用提心吊胆了！"

透过以上四层询问法，假如你已促使对方潜在的需要意识明朗化，成功地让他意识到解决问题的方向和重要，并且一气呵成地凸显出你的说服内容的特征、长处以及对他的好处等，那么你的成功就近在眼前了。

最后，你得按照自己的意念规划出一个大致路线，让你和你的劝说对象循着这条路线走下去。而这一切并非是你强加给对方的意志，反而是经过他自己考虑所做的决定。透过这种模式虽然提高了对方的自主性，但是最终他仍会做出你所期望的行为。

人们通常会将过去说过的话、经历的事总结成经验，而不会轻易地遗忘，同时将所吸收的语言转变成行为的可能性极高。这种"经验谈"当然也属于劝说技巧之一。倘若你有办法让你想说服的对象脑海中不知不觉产生与你劝说内容相符的想法，并掌握到使用该种方法的窍门，就已获得了攻无不克的利器！

倾听中说出自己的不懂

俗话说："知之为知之，不知为不知，此为知也。"销售人员不是神仙，也不是圣人，我们也只是普通人，不可能明白客户说出的每一句话。当你不明白客户的意思时，千万不要自作聪明，不懂装懂，然后按照自己的理解来猜测客户的意思，希望自己的猜测能正中客户的下怀。其实，这往往会让你误解客户的意思，甚至会闹出笑话！

如果你实在听不懂对方所说的意思，只需要做一件最简单的事就行，问一句："您的意思是……"这句话给客户传达了一种积极信号：一是你在认真地听他诉说，二是你对他所说的事情很感兴趣。客户听到你问这句话时会很高兴，他们会认为自己终于遇到了一个能够和自己交谈的人，但他不知道，他正在随着你的问话，一点一点将自己的内心需要告诉你。

老A是公司里最受客户好评的销售人员。他总能受到客户的奖励。经常有客户打电话来公司，表扬他文明、高雅、有气质、博学、多才、有胆识。公司的人都很好奇，为什么老A在跟客户谈任何话题的时候，好像都无所不知，总能和客户谈得十分投机。终于在一次公司的客户联谊会上，同事们发现了他的秘密。

那天晚上，公司在市里最大的酒店举行客户联谊会，公司的很多老客户都来了，当然也来了许多新客户。一个同事发现老A和一位刚刚有业务来往的客户坐在一处角落里。出于好奇，他远远地注意了一段时间。他发现那位客户一直在说，而老A好像一句话也没说。他只是有时笑一笑，点一点头，仅此而已。一小时后，他们起身，互相碰了杯酒，起身告辞。

第二天一早，公司经理接到那位新客户的电话，又是夸奖老A的。那位同事很是奇怪，见到老A时禁不住问道："昨天晚上我在酒店看见你和新客户在一起的情景。他好像完全被你吸引住了。你是怎么抓住他的注意力的？"

"很简单。"老A说，"经理把那位客户介绍给我，我只对他说：'您对我们这个行业有什么看法？'

"'它的前景很好，中国在未来几年里，将会在这个领域开辟一片新的天地。'客户告诉我。

"'您的意思是……您能详细地跟我谈谈吗？'我说。

"'当然。'他回答。我们就找了个安静的角落，接下去的一个小时他一直在谈论我们公司的业务领域前景。

"我知道今天那位新客户打电话给经理，说他很欣赏我的才华，说很想再见到我，认为我是一个有才华、有意思的聊天对象。但说实话，我整个晚上没说几句话。

"我只是一味地问他：'您的意思是……'"

对他人说："您的意思是……"这足以让一般人激动好几个小时。因为你将你的真诚和兴趣主动地向客户表白，这不但拉近了与客户的距离，更能进一步引导客户说出自己心中的需求，一箭双雕，何乐而不为呢？

很多人抱怨自己很难和客户沟通，很难了解客户的内心需求，疑惑和不解总是充斥于销售人员与客户之间。其实，最复杂的问题的答案往往最简单。当你对客户的话充满疑惑的时候，只需真诚地向客户问一句："您的意思是……"一切问题都迎刃而解了。

　　在销售中，学会正确地向客户提问，会让自己少走很多弯路，这不但让客户认为你对他的话感兴趣，同时也让你在客户面前留下良好的形象。我们在与客户的沟通中，时刻要保持主动，而不是被动，这就需要我们有效提问。"您的意思是……"，一个看似简单的问句，足以让你了解到客户更多的信息，从而就将谈话的主动权掌握在了自己手中。

适当的时候说出自己的想法

　　当你感觉到对方仍对他原来的想法保持不舍的态度，其原因是尚有可取之处，所以他反对你的新提议时，此时最好的办法，就是先接受他的想法，甚至先站在对方的立场发言。

　　为什么要这样做呢？因为当一个人的想法遭到别人一无是处的否决时，极可能为了维持尊严或咽不下这口气，反而变得更倔强地坚持己见，排斥反对者的新建议。若是说服别人沦落到这地步，成功的希望就不大了。

　　某家用电器公司的销售员挨家挨户推销洗衣机，当他到一户人家里，看见这户人家的太太正在用洗衣机洗衣服，就忙说："哎呀！这台洗衣机太旧了，用旧洗衣机是很费时间的，太太，该换新的啦……"

结果，不等这位销售员说完，这位太太马上产生反感，驳斥道："你在说什么啊！这台洗衣机很耐用的，到现在都没有出过故障，新的也不见得好到哪儿去，我才不换新的呢！"

过了几天，又有一名销售员来拜访。他说："这是令人怀念的旧洗衣机，因为很耐用，所以对太太有很大的帮助。"

这位销售员先站在太太的立场上说出她心里想说的话，使得这位太太非常高兴。于是她说："是啊！这倒是真的！我家这部洗衣机确实已经用了很久，是太旧了点，我倒想换台新的洗衣机！"

于是销售员马上拿出洗衣机的宣传小册子，提供给她做参考。

这种推销说服技巧，确实大有帮助，因为这位太太已被动摇而产生购买新洗衣机的决心。至于销售员是否能说服成功，无疑是可以肯定的，只不过是时间长短的问题了。

一般来说，被说服者之所以感到忧虑，主要是怕"同意"之后，会不会发生意想不到的后果；如果你能洞悉他们的心理症结，并加以防备，他们还有不答应的理由吗？

至于令对方感到不安或忧虑的一些问题，要事先想好解决之道，以及说明的方法，一旦对方提出问题时，可以马上说明。在适当的时候提出自己的想法，要让自己的想法说进对方的心坎里，让他欣然接受。善于观察与利用对方微妙心理，是帮助自己提出意见并说服别人的要素。

倾听时注意和客户的情绪同步

情绪同步是指销售员能快速进入客户的内心世界，从对方的观点、立场看问题、感受事情。

做到情绪同步最重要的是设身处地。

张某是进口啤酒公司营销部的副总，有一次，他们公司进口一种新啤酒。在扩大市场的过程中，有一个开了10家连锁饭店的潜在大客户，张总想把新啤酒销售给这个客户，他多次去拜访这个老板，每次都是无功而返。对方不是态度很冷淡，就是敷衍了事。

这次，他再度尝试去拜访这位客户，当他走进对方的办公室时，还没来得及问候，这个客户就很生气地一拍桌子说："你怎么又来了，我不是告诉过你我最近很忙，没有空吗？你怎么那么烦人，你赶快走吧，我没有时间理你。"

一般人遇到这种情况，都会心里很不舒服，但张总不但没有心里不舒服，而是马上想到了"情绪同步"这4个字，所以他立刻用和客户几乎一样的语气说："陈董，你怎么搞的，我每次来都发现你的情绪不好，你到底为了什么事情烦心？我们坐下来谈谈吧！"

说完之后，那个客户马上平静了下来。张总见了之后，也改变了说话的口气，很和气地说："陈董，怎么回事呢？我来拜访了你四五次，每一次都看到你的情绪不是很好，你是不是有什么烦心的事啊？我们一起聊聊。"

这时候，那个客户也用类似的语气说："张总，我最近实在是烦死了。为什么呢？你知道我是从事连锁餐饮行业的，好不容易花了很多时间培养了3个分店经理，因为我今年下半年计划开3家分店。现在一切准备就绪了，但这3个分店经理却都让我的竞争者给抢走了。"

张总拍拍他的肩膀，说："陈董啊，你以为只有你才有这么烦心的人事问题吗？我也和你一样烦恼呀。你看看，我们最近不是有新的产品要上市吗，前几个月我好不容易用各种方法招来十几个新的销售员。我每天尽力地培养他们，想把我们的市场打开。结果才一个月多的时间，十几个新的销售员走得只剩下了五六个了。"

接下来的几分钟，他们互相抱怨，现在的员工是多么难培养，人才是多么难找……讲了十几分钟后，张总站起来说："陈董，既然我们俩对于人事问题都比较头痛，咱们也先别谈什么啤酒的事了。正好我车上带了一箱新的啤酒，你先尝一尝，不管好喝不好喝，过两个星期，等我们两人都解决了人事问题后，我再来拜访你。"

那个客户听了后就顺口说："好吧！那你就先搬下来再说吧。"就这样，他们就握手互道再见了。

张总最后谈成了这笔生意吗？当然谈成了。在谈话的过程中，他根本没有从头到尾地推销他的产品。事实上他花了大部分的时间和这个老板沟通，这就是所谓的情绪同步。

作为销售员，每天都要保持活力，笑容常挂在脸上，碰到客户时一定要兴奋。可为什么有时不奏效呢？因为你所碰到的对象，未必也是一个常常笑容满面，很兴奋、很有行动力的人。当销售员发现这个客户比较严肃、循规蹈矩、不苟言笑时，若要和他进一步沟通，就需要和他在情绪上保持一致。假如碰到一个比较随和、爱开玩笑的人时，销售员在情绪上也要和他同步，这样一来，推销自然就会更有效果。

客户最不反感的三种插话方式

既要说，又不能说得太多；既要听，也不能一味地听。一个好的销售员为了使与客户的交流畅通无阻，在日常生活中不知练了多少年，甚至一辈子都在塑造这种完美的交际能力。

下面是最不容易引起客户反感的三种插话方法。

1. 不论什么时候，都先肯定对方

销售员最常遇到的场面就是遭到客户拒绝。

这时你不妨应用"是的，同时"方法——先有弹性地接受客户的反对意见，然后说"同时，您觉得这样是否更妥呢？"重新说明自己的主张。这种方法比直接否定更能给对方深刻的印象。越是优秀的销售员越善于运用此法。

但是，当你与客户的意见有分歧时，千万不可说"但是，不可能"的话语。因为你是为了推销才接触对方的，你是有目的的，而对方接触你是没有理由的，甚至是一见到你就讨厌的。所以当对方说出与你截然不同的意见时，你也要微笑点头赞同。轮到你阐述意见时，想反驳对方必须要以"同时"做开头。

大家可以相互练习一番，用"同时"比"但是"的语气婉转多了，并且还尊重客户。如果上来就以"但是"开头，客户会觉得你用生硬的语气来否定他，也就不理你了，因为客户根本就没理由和你交流，那么你的业绩就会糟糕了。

在神经语言程式学上，利用"同时"来否定你尊重的客户，使客户莫名其妙地肯定你，是符合每个人的神经程式的。

2. 婉转提出自己的看法

譬如在与客户刚接触时，客户常会以"没有钱买""没有闲暇"来打发销售员，那么你可以采取类似的说法"这没有关系，我们目前站在客户立场上，若没有余力的话，可采用分期付款的方式，1个月只需1 000元""您说笑话了，有余力的人才会这么说""我只需借用1分钟……""您是否听说过忙里偷闲呢"等。

聆听客户的意见固然重要，但不可因客户有反对意见，就丧失信心，而动摇立场和打退堂鼓，必须会婉转地提出自己的看法，这样既尊重了客户，又说出了自己的意思让对方反思。

3.附和对方的意见和看法

附和就意味着同意对方的观点，这种在心理学上称为"承认"。当你承认对方的观点是正确的时候，那么在对方的心里就会对你产生一种认同感，从而拉近双方的距离。

在饭店里，我们经常会听见服务员这样说："先生，您可真会选，这是我们店里最好的葡萄酒，对那些精于品评美酒的人是再合适不过了。是的，有一点儿贵，不过我想您会喜欢的。您愿意再来一瓶吗？"

这样赞美客户的成熟品味和鉴赏力，客户怎能拒绝？而且价格因素增加了葡萄酒的诱惑力，继而通过向周围人显示有能力消费生活中的奢侈品而使自己的能力表现需求得到了满足。

威廉·詹姆斯曾经明确地指出："人性中最殷切的需求，就是渴望肯定和受到赞扬。"

恰到好处地赞美你的客户

弗兰克林·贝特格是美国著名的寿险推销人，他在《从失败到成功的销售经验》一书中介绍自己的成功经验时是这样说的：

"您是怎么开始您的事业的？"这是一个我曾经问过无数次的问题。通常人们会说："说来话长了。"每当人们说起他们是如何开始的，遇到了什么困难，又是如何克服的，我总是感到很着迷，我觉得那些故事都很浪漫，但是对讲述者来说，他们的感觉更浪漫。他们都愿意别人听听他所经历的一切，并想以此来鼓励你。如果你真的感兴趣，认为他们的经验对你有益，他们就会告诉你所有的细节。

"您是怎么开始您的事业的？"这个问题似乎还真有点儿魔力。通过提这样的问题，经常可以使那些忙得不可开交的人停下来与我谈话。我来举一个例子，罗斯是个大忙人，他对销售员的态度是：离他远点儿。

下面就是我第一次与他见面时的谈话。

贝特格：先生您好，我是保险公司的销售员贝特格，您认识吉米·沃克先生吗？（把吉米·沃克先生亲笔签名的名片递给他）是他介绍我来的。

罗斯：又是一个销售员。

贝特格：是的……

罗斯：你已经是今天第10个销售员了。我还有很多事要做，不可能花时间听你们这些销售员说话，别再烦我了，我没有时间。

贝特格：我只打扰您一会儿，请允许我做个自我介绍。我这次来只是想和您约一下明天的时间，如果不行就晚些时候也行。您看是上午还是下午？我只要20分钟就够了。

罗斯：我说过了我根本没时间。

贝特格：（用了整整一分钟仔细看他正放在地板上的产品）您生产这些？

罗斯：是的。

贝特格：您做这一行多长时间了？

罗斯：哦，有22年了。

贝特格：您是怎么开始做这一行的呢？

罗斯：（仰身靠在椅背上，神态可亲）说来话长了。我17岁就到一家工厂干活，在那里我没日没夜地干了10年。后来自己就开了现在这家公司。

贝特格：您是在此地出生的吗？

罗斯：不是，我在瑞士出生。

贝特格：那您肯定是在年龄不大的时候就来了。

罗斯：我离开家时只有14岁，曾在德国待了一阵。后来到了美国。

贝特格：那您肯定是带了大笔资金来这儿开拓事业的。

罗斯：（微笑着）我以300美元起家，干到现在，达到了30万美元。

贝特格：参观您这些产品的生产过程肯定是件很有意思的事。

罗斯：（站起来走到我身边）不错！我们为自己的产品而感到骄傲。我相信这些产品在市场上是最好的。你愿不愿意跟我到工厂里走走，看看这些产品是怎么生产出来的？

贝特格：太想了。

然后，罗斯先生将手搭在我的肩膀上陪着我一起去参观工厂。

第一次和罗斯先生见面我并没有向他卖出任何保险，但在那以后的16年里我向他卖了19份保险，还向他的儿子们卖出了6份保险。我不但赚了不少钱还和他成了好朋友。

销售员要多赞扬客户，因为人们最关心的是他自己。多谈论他们感兴趣的东西，鼓励他们多说话，专心倾听，满足他们的自豪感，真诚地对待他们。在与客户沟通的过程中，赞美最容易取悦于客户，并能够在客户心中留下美好的印象，因为每个人都喜欢受到别人的赞美和尊重，对赞美自己和尊重自己的人自然会抱有好感。

赞美是要讲究技巧和方法的，不是美言相送，随便夸上两句就会奏效，如果赞美的方法不当还会起到相反的作用。所以，在赞美客户时，要注意恰如其分，切忌虚情假意、无端夸大。那么，如何去把握赞美的话语而不过头呢？

有一位经理，开的汽车已经很旧了，因为在创业年代艰苦奋斗惯了，所以现在成功了，怎么也舍不得换新车子。像他这样的人是各汽车销售公司最好的潜在客户。但是，在很长一段时间里，都没有人能成功地向他出售一辆汽车。原因在于这些销售员总是这样说：

"您这辆车子太破了，太旧了，跟您的身份不符……" "您这破车三天两头就要修理，修理费用得多少啊"等一类的话，让这位经理听了心里很不痛快。

后来，来了一位推销高手，他这样对经理说：

"您的车子还能再用好几年，现在换了新车是有点可惜啊。不过，这辆车居然能够行驶12万英里，看来您开车的技术真是一流啊。"

销售员的话虽然含有车子太旧的意思，但是表面上却是在夸赞这位经理。他的这番话真是说到经理心坎里了。可想而知，只要有需要，这位经理最后肯定会购买该销售员的汽车。

第 11 章

投石问路，连环发问打开客户话匣子

推销的秘诀在于找到客户心底最强烈的需求，最直接的办法就是不断提问，你问得越多，客户答得就越多；答得越多，暴露的情况就越多。这样，你就能一步一步地化被动为主动。

以发问探寻客户的真正需要

拜访客户，以致谢、赞美作为开场白，渐渐导入主题，困难的地方就是如何将开场白顺利地导入商业主题，很自然地谈到与销售相关的话题上。销售员必须利用探索的技巧发问，利用开放性问题来发问，好让客户提供足够的信息。这样销售员才能发现客户的真实需求，发现市场空白。

下面是一个销售员与客户的对话：

杰西："迈克，您穿多大的西装？"杰西打量着迈克的身材。

杰西："迈克，想必您一定知道，以您的身材想挑一件合身的衣服恐怕不容易，起码衣服的腰围就要做一些修改。请问您所穿的西装都是在哪儿买的？"

杰西强调市面上的成衣很少有买来不修改就适合迈克穿的。他还向迈克询问所穿的西装是在哪一家买的，借此，杰西可以了解到他的竞争对手是谁。

迈克："近几年来，我穿的西服都是从梅尔公司买的。"

杰西："梅尔公司的信誉不错。"

杰西从不在客户面前批评竞争对手，他总是说竞争对手的好话或是保持沉默。

迈克："我很喜欢这家公司。但是，杰西，正像你说的，我实在很难抽出时间挑选适合我穿的衣服。"

杰西："其实，许多人都有这种烦恼。要挑选一个自己喜欢，适合自己身材的衣服比较难。再说，到处逛商店去挑选衣服也是件累人的事。本公司有3 000多种布料和式样供您选择。我会根据您的喜好，挑出几种料子供您选择。"杰西强调，买成衣不如订做好。

杰西："您穿的衣服都是以什么价钱买的？"

杰西觉得现在该是提价钱的时候了。

迈克："一般都是400元左右。你卖的西服多少钱？"

杰西："从200~1 000元都有。这其中肯定有您所希望的价位。"

杰西说出产品的价位，但只点到为止，没有做进一步说明。

杰西："我能给客户带来许多方便。客户不出门能就买到所需的衣服。我一年访问客户两次，了解他们有什么需要或困难。客户也可以随时找到我。"

杰西强调他能为客户解决烦恼，带来方便。杰西的客户多是企业的高级主管，他们主要关心的是方便。

杰西："迈克，您很清楚，现在一般人如果得到良好的服务会受宠若惊，他会认为服务的背后隐藏着其他条件，这真是一件可叹的事。我服务客户很彻底，彻底到使客户不好意思找其他的厂商，而这也是我殷勤服务客户的目的。迈克，您同意我的看法吗？"

杰西强调"服务"，因为他相信几乎每一位企业的高级主管都很强调"服务"。所以，杰西在谈话末了以"您同意我的看法吗"这句话来引导迈克的回答，杰西有把握让迈克做出肯定的回答。

迈克："当然，我同意你的看法。我最喜欢具有良好服务的厂商，但现在这种有良好服务的厂商越来越少了。"

杰西觉得迈克的想法逐渐和自己的一致了。

杰西："提到服务，本公司有一套很好的服务计划。假如您的衣服有破损、烧坏等情形，您只要打电话，我立即上门服务。"

迈克："是吗？我有一件海蓝色西装，是几年前买的，我很喜欢，但现在搁在家里一直没有穿。因为近几年我的体重逐年减轻，这套西装穿起来就有点肥。我想把这套西装修改得小一点。"

杰西记住了迈克的话：迈克有一套海蓝色的西装需要修改。

杰西："迈克，我希望您给我业务上的支持，我将提供您需要的一切服务。我希望在生意上跟您保持长久的往来，永远替您服务。"

迈克："杰西，什么时候让我看看样品？"迈克看了看手表，向杰西暗示他的时间有限。

迈克想看杰西的样品，杰西虽然准备了很多样品放在包里，但他还不打算拿出来。他想进一步询问以了解迈克的真正需求。在了解迈克的真正需求以后，才是拿出样品的最佳时机。

杰西："您对衣服是否还有其他的偏爱？"杰西想知道迈克对衣服的质量和价格的看法。

迈克："我有许多西装都是梅尔公司出品的，我也很喜欢剑桥出品的西服。"

杰西："剑桥的衣服不错。迈克，以销售员目前的商业地位来说，海蓝色西装很适合您穿。您有几套海蓝色的西装？"

由于迈克没有主动说出他所拥有的西装，杰西只好逐一询问迈克的每一套西装。

迈克："只有一套，就是先前向你提过的那一套。"

杰西："您还有其他西装吗？"

迈克："没有了。"

杰西："我现在拿出一些样品给您看。如果您想到还有没提到的西装，请立即告诉我。"杰西边说边打开公文包，拿出一些样品放在桌上。

杰西一直以发问的方式寻求迈克的真正需求，同时也在发问中表现了一切为客户着想的热忱，使迈克在不知不觉中做了很好的配合，创造了良好的谈话气氛。杰西向客户提出了许多问题以寻求客户的真正需求，然后才展示商品，进行商品的销售。

问题接近法：善于提出一个问题

所谓问题接近法，也叫问答接近法或讨论接近法，是指销售员利用直接提问来引起客户注意和兴趣，进而转入面谈的接近方法。

　　在实际推销工作中，问题接近法常常和其他接近方法配合使用，例如：利益接近法、好奇接近法、震惊接近法等都可以用提问的方式来实现其目标。当然，问题接近法也可以单独运用。在利用问题接近法时，销售员直接向客户提出有关问题，引起客户的注意和兴趣，引导客户去思考，并顺利转入正式面谈阶段。销售员可以首先提出一个问题，然后根据客户的实际反应再提出其他问题，步步紧逼，接近对方。也可以开头就提出一连串的问题，使对方无法回避。

　　当然，接近问题必须精心构思，刻意措辞。事实上，有许多销售员养成了一些懒散的坏习惯，遇事不动脑筋，不管接近什么人，开口就是："生意好吗？"有人曾就销售员第一次接近客户时所说的行话，做了这样一个记录：在一天来访的14名所谓的销售员中，就有12位是这样开始谈话的："近来生意还好吧？"这是多么平淡、乏味呀。某家具厂推销经理抱怨说有4/5的销售员都是以同一个问题开始推销面谈，即"生意怎样？"

　　在利用问题接近法时，销售员还必须注意下述问题：

　　1. 接近问题应表述明确，避免使用含糊不清或模棱两可的问句，以免客户听起来费解或产生误解。

　　例如，"您愿意节省一点成本吗？"这个问题就是不够明确，只是说明"节省成本"，究竟节省什么成本，节省多少，多长时间，都没有加以说明，很难引起客户的注意和兴趣。"您希望明年内节省7万元材料成本吗？"这个问题就比较明白确切，容易达到接近客户的目的。一般说来，问题越明确，接近效果越好。

2. 接近问题应尽量具体，做到有的放矢，一语道破，切不可漫无边际，泛泛而谈。

销售员应该在接近准备的基础上设计接近问题，针对不同的客户提出不同的问题，只有为每一位客户定制不同的接近问题，才能切中要害。千篇一律的问题，不着边际的问题，不合时宜的问题，不切实际的问题，不痛不痒的问题，不知所云的问题，不成问题的问题，都难以引起客户的注意和兴趣。

3. 接近问题应突出重点，扣人心弦，切不可隔靴搔痒，拾人牙慧。

在实际生活中，每一个人都有许许多多的问题，其中有主要问题也有次要问题，重点应放在客户感兴趣的主要利益上。如果客户的主要动机在于节省钱，接近问题应着眼于经济性；如果客户的主要动机在于求名而不是求实，则接近问题应强调知名度。因此，销售员必须设计适当的接近问题，诱使客户谈论既定的问题，从中获取有价值的信息，把客户的注意力集中于他所希望解决的问题上面，缩短成交距离。

4. 接近问题应全面考虑，迂回出击，切不可完全直言不讳，应避免出语伤人。

每个人都有一些难言之隐，旁人不可随意提及。出于多种原因，有些客户不愿意谈论某些问题，即使有人提起，也往往不作答复。例如，人们一般不与陌生人讨论自己的财务状况，除非销售员事先已经熟悉有关情况。有时销售员也可以利用有关资料进行逻辑推理，以假言判断的方式提出接近问题。无论采用的方式如何，都应避开有争议的问题和伤感情的问题，以免触及客户的痛处，转移客户的注意力。当然，这是一种处理伤感问题的高度艺术，十分微妙，只可意会，不可言传。只有恰到好处，才能有问必答。

问得越多，离成交越近

机械设备厂的小刘经常打破公司的销售纪录。在公司的经验总结大会上，小刘说出了他的销售秘诀：经常对客户进行有针对性的提问，可以让客户在回答问题的过程中对产品心生认同。这名销售人员经常在与客户谈话之初就进行提问，直到销售成功。以下是他的几种典型提问方式。

"您好！听说贵公司打算购进一批机械设备，能否请您说说您心目中理想的产品应该具备哪些特征？"

　　"我很想知道贵公司在选择合作厂商时主要考虑哪些因素？"

　　"我们公司非常希望与您这样的客户保持长期合作，不知道您对我们公司以及公司的产品印象如何？"

　　"如果我们的产品能够达到您要求的所有标准，并且有助于贵公司的生产效率大大提高，您是否有兴趣了解这些产品的具体情况呢？"

　　"您可能对产品的运输存有疑虑，这个问题您完全不用担心，只要签好订单，一个星期之内，我们一定会送货上门。现在我想知道，您打算什么时候签订单？"

　　"如果您对这次合作满意的话，一定会在下次有需要时首先考虑我们，对吗？"

　　从上面的例子中可以看出，小刘的提问是有系统性和针对性的：他先是弄清了客户的需求，为自己介绍公司及产品做好了铺垫，并且引起了客户对公司的兴趣，然后站在客户的立场上再提出问题，对整个洽谈局面进行有效的控制，最终促成交易，并为以后的长期合作奠定基础。可以看出，善于提问也是成就销售好口才的重要因素。

　　推销的秘诀还在于找到人们心底最强烈的需求。那么，怎样才能找到客户内心深藏不露的强烈需求呢？有一个办法就是不断提问，你问得越多，客户答得就越多；答得越多，暴露的情况就越多。这样，你一步一步地化被动为主动，就可以成功地发现客户的需要。

在与客户进行沟通的过程中，销售人员问的问题越多，获得的有效信息就会越充分，最终销售成功的可能性就越大。

站在客户的立场提问题

很多销售人员在与客户洽谈时，根本就没有从客户的角度来提问的意识，原因就是他们从未想过应该怎样帮助客户解决问题。他们满脑子想的只是自己的产品，想如何才能让客户买自己的产品。所以，他们也就不知道如何从帮助客户解决问题的角度去提出问题。

作为一名优秀的销售人员，应该站在帮助客户解决问题的角度提问题，时刻关注客户在目前的环境中可能存在的问题，将自己的产品卓有成效地推荐给客户。

杰克是克鲁里公司的销售人员，他每次出现在客户面前时，都会让客户立刻喜欢上他，因为他从不认为自己是单纯地在销售，而是在为客户解决问题。

杰克一般会先介绍他的产品，说明该产品是一种可以清洗游泳池的机器人，然后告诉客户它的效率有多高。

"您会对一种能为减少游泳池绿藻积聚并节省50％游泳池化学剂用量的装置感兴趣吗？您希望一周花不到10分钟的时间保持最清洁的游泳池吗？"

杰克提出的这两个问题几乎都能得到预期的肯定答复，也会获得再一次约见的时间安排。

"我可以为您送去一个新的机器人，先把它留在您的游泳池畔，让您感受一下它带给您的好处吧！"

他的推销词极具诱惑力。通常情况下，他还会问："张先生，您知道吗？一位来自南非的工程师因厌倦于清洗自己的游泳池和使用效率不高的装置，才发明了这种机器。"

"这种机器在南非及达拉斯地区刚刚推出。""我想您也与这位工程师一样已厌倦了清洗自己的游泳池。我说得没错吧？"

在电话沟通中，杰克多次巧妙地运用"假定式"推销法。

杰克说："我们的产品若不能把整个游泳池清洗干净，您打个电话我就过来服务。如果发现没有效，您所有的损失都由我来承担。"

杰克又问："您是开支票还是刷信用卡？"

就这样，杰克拿下了订单。

帮助客户解决问题的核心是：为客户服务，做客户的顾问、专家。

"6+1" 问题成交法

心理学上发现，如果销售人员能够连续地问客户6个问题并且让对方回答6个"是"，那么第7个问题或要求提出以后，客户也会很自然地回答"是"。这就是所谓的"6+1"成交法。

在国外，许多公司甚至请心理学家专门设计出一连串让客户回答"是"的问题。

下面是一个典型的实例：

销售人员沿街敲门，客户打开了门。

他的第一个问题就是："请问您是这家的主人吗？"一般都会回答"是"。

第二个问题："先生（女士），我们要在这个社区做一项有关健康的调研，相信您对健康问题也是相当关注的吧？"对方也会回答"是"。

第三个问题："请问您相信运动和保健对身体健康的价值吗？"大多数人都会回答"是"。

第四个问题："如果我们在您的家里放一台跑步机，让您试试，您能接受吗？当然是免费的。"因为是"免费"，一般人都不会拒绝。

第五个问题："请问我可以进来给你介绍一下这台跑步机的使用方法吗？以方便您使用，但是过两个星期，我们会麻烦您在我们的回执单上填上您使用的感觉，我们是想做一下调查，看看我们公司的跑步机使用起来是不是很方便。"

在这种情况下，几乎所有的客户都不会拒绝销售人员进门推销他的产品。

接下来，销售人员会接着问专家们已经设计好了的问题，而客户做的只是不停地点头，到最后，很多客户都会心甘情愿地花上几千元钱买一台跑步机。

这就是利用了"6+1"成交法。在这样的模式之下，销售人员可以顺利地开始介绍产品，并且成功地缔结客户，是一种非常简单又实用的销售技巧。再看看下面的一个案例：

销售员："请问一下，您是否认同高效的生产率是获得利润的最主要的因素？"

客户："当然了，生产率提高了，利润自然也就上去了。"

销售员："考虑到目前的市场情况，您是否认为技术改革会有利于生产出符合需求的畅销产品？"

客户："可以这么说。"

销售员："以前你们技术更新对你们产品的生产有帮助吗？"

客户："当然有帮助。"

销售员："如果再引进新的机器，可以把你们的产品做得更细更好，那么是否有利于提高贵公司的竞争力呢？"

客户："那是肯定的。"

销售员："您确实是一个具有前瞻性的人，刚才已经向您展示了我们的产品，如果您能够按照我们的方法进行试验，并且对实验的结果满意，您愿意为厂里添置一些这样的机器吗？"

客户："当然可以，但是你们的价钱必须合理才行。"

销售员："这是我们的价目表，您看还行吗？"

客户："嗯，倒可以考虑一下。"

销售员："那我再给您介绍一下产品的特点吧！"

客户："可以的。"

销售员："请问您主要看中产品的什么方面？"

……

就这样，销售员把话题首先集中在生产效率上，运用一个又一个的问题让客户给予肯定的回答，让客户认可他的产品的优点，并且使得客户对其价钱方面也认可，最终很有可能会成交。

"您是要 A，还是要 B？"

逼迫客户"二选一"，需要做一个诱导，也要把握好时机。在客户做购买决定的边缘犹豫徘徊时，销售员不应该提出简单的问题，而要将问题扩展，向客户提出两种选择，让其选择其中某一种，从而达成交易。如下面的选择性的问题：

您需要50台，还是100台？

您想要大型的，还是小型的？

您喜欢蓝色，还是粉色？

如果您问客户："您需要购买吗？"这样暗示了客户，可以不购买，就很容易引起客户否定的回答，效果就会完全不同。而二选一法既可以把购买的选择权交给客户，又不会给客户造成强迫感，减轻客户做出购买决策的压力。而且这种问法还可以减少客户做出不购买决定的可能，从而增加成交的机会，所以，有经验的销售人员总是经常使用这种方法。

"我明天早上拜访您，还是下午拜访您？"就比问"我什么时候拜访您？"效果好得多。这样问缩小了客户的选择范围，使提问更加有效。按照前一种提问方法，客户就会顺着您的问题去想他是明天上午还是下午比较方便。如果按照第二种提问方法，客户就会想明天是不是有空了。

二选一的问题同时也可以让你得到更多的客户信息。如，一家汽车公司训练它的销售人员这样提问客户："您需要我给您装X牌汽油，还是装Y牌汽油？"要知道，这两个牌子的汽油不仅价格昂贵，而且适合大容量的油箱，客户无论选择其中的哪一种，都将接受这两个前提条件。来看看下面这个例子：

销售员："您喜欢三厢的还是两厢的？"

客户："哦，我喜欢两厢的。"

销售员："您喜欢黑色、红色还是白色？"

客户："我喜欢红色。"

销售员："您要带调幅式还是调频式的收音机？"

客户："还是调幅的好。"

销售员："您需要染色玻璃的还是透明玻璃的？"

客户："染色的好一些。"

销售员："您是要15万元左右价位的，还是18万元左右价位的？"

客户："15万元左右的吧！"

……

二选一的提问方法，等于是销售员在每一个问题上面都限定了答案，客户只有两种选择。这样，随着一个又一个问题的提出，客户做了一个又一个的回答，最后选定了价格。一般来说，让客户做出购买决定是不容易的，如果你直接问客户："这辆车价值15万元，您觉得怎么样？"面对这样的问题，客户总是会犹豫很久，无法做出决定。如果销售员采取上面的"二选一"方式进行，交易就会变得容易得多。

这种方式一开始就让客户踏入购买之途，在做购买决定时，只需要销售员为其指引方向，客户就会顺着往前走，最终达成交易。

第 12 章

察言观色，在倾听中把握成交的契机

作为一名优秀的销售员，要注意随时观察客户的一言一行，捕捉成交信号。成交信息有很多种，一旦捕捉到，就要提醒自己加快成交步伐。

在倾听中找到客户的"牛鼻子"

任何事情都存在主要矛盾和次要矛盾，同样，在客户的需求上，也有主要和次要之分。当你在与客户打交道的时候，如果能够发现并抓住客户内心最主要的需求，然后再把这些需求和你自己销售的产品结合起来，这样一来，销售成功也就是水到渠成、顺理成章的事情！

电信局的老处长退休了，换了一位新处长。一家电信公司的几位销售代表多次拜访，想和该局继续进行合作，但都没有成功。原因是这位新处长想要进行革新，彻底摆脱前任留给他的任何东西。

在众人都一筹莫展的时候，新来的销售员刘盼说让他去试试。出人意料的是，刘盼见过那位处长后的第三天，那位处长就主动打来电话和该电信公司继续合作。

很多同事都去和这位处长谈过，都被他拒绝了，只有这个新来公司的刘盼，甚得电信局新处长的青睐，所有的同事都很好奇，问刘盼到底是用什么方法迷住那位处长的。刘盼说："我并没有什么过人之处，我只是用了一种最笨的方法，先听他说，然后在听他说话的过程中，找到了一个牵着他'牛鼻子'的方法，让他跟着我走。"

原来，刘盼没有像其他销售员那样，一味地说服该处长使用自己公司的产品。而是先介绍了自己公司的产品在电信局的使用情况，并询问处长对自己公司的产品和服务有什么新要求。局长对公司给予了很高的评价，不过这显然是一些不实际的客套话。

刘盼接着问处长能不能在未来电信网络建设上提些宝贵意见。这位处长在网络建设方面有自己新颖独到的计划和想法，在交谈的过程中，处长提出了要用更高端的纳米交换机代替现在的低端交换机。刘盼问处长打算多久实现这个计划。处长说大概需要两年完成。

刘盼接着问处长认为哪个牌子的纳米交换机比较合适呢？局长说了一个信誉和知名度都很好的牌子。

刘盼在这个时候话锋一转，极尽言辞赞美处长的新计划高瞻远瞩，是划时代的、是造福后代的，不但改变了我们城市的电信现状，还为未来的电信发展开辟了一条新的道路。处长很高兴，认为遇到了知己，更是将自己的新计划全盘托出。刘盼耐心倾听，并把所有的谈话内容都一一做了笔录。

回到家里，刘盼立即上网搜索处长说的那家纳米交换机厂的情况，连夜写了份报告，第二天交到了公司老总的办公桌上。公司凭借自己的实力，用两天的时间就争取到了该纳米交换机在该市的独家代理权。

没有办法，处长要想实现自己的计划，只能还和该公司合作，只好无奈地给公司打电话要求续约。刘盼一改营销策略，不再一味地去满足客户的需求，而是反其道而行之，去找客户的弱点，他知道，有时候与其跟着客户走，不如牵着客户走。刘盼抓住了处长的"牛鼻子"，成功地达到了自己的目的。

很多人认为营销人员在营销的过程中是被动的。这种想法是错误的。只要你能用心地倾听客户说的每一句话，并善于思索，就可以从中找出客户的弱点，进而抓住客户的"牛鼻子"，牵着客户走，这个时候，你就可以在销售的过程中变被动为主动，让客户不得不按照你的思路行事。在和客户交谈的时候，找到客户的"牛鼻子"，并牢牢地抓住，到时候，他不想跟着你走都不可能，这就是成功销售的制胜法宝。

在和客户交谈的过程中，不要受到客户的牵制，而是想办法让自己处于主动地位。当自己找到客户的"牛鼻子"并牢牢地抓住之际，就是销售成功之时。

抓住成交信息，获得成交主动权

在与客户交流时，我们要随时注意观察客户的表情和肢体动作的变化，我们称之为成交信息，从中判断出客户的真实想法。

赵琳从公文包里拿出各类装载机的宣传资料单，给客户一一介绍……

赵琳："这是LW600K，这是ZL60G，这是……"

客户忽然拿起其中一台装载机的宣传单页饶有兴趣地看了起来。

赵琳立刻停止对其他产品的介绍："哦，这是LW800K轮式装载机，是我们卖得最好的机子了。不知道您都注重机器的什么方面呢？"

客户："没什么特别要求，你给我介绍一下吧。"

赵琳："好的，这台机器是我们系列产品中的主导机型，采用全方位动力传动系统……我想请问，您在使用装载机时，考虑最多的是节能还是装载体积呢？"

客户："节能当然是首先要考虑的。"

赵琳："那么我们这台机器是您最理想的机型了，它是我们众多机型中最节能的。一年平均节能……"

客户认真而仔细地翻看着单页，忽然很舒服地将身体靠回椅子上，扬起手中的宣传单页轻松地道："这台要多少钱？"

赵琳："现在正在搞优惠，只需要您一次性投资16万，您就可以把一台既省油节能，又动力强劲的装载机带回家了。"

客户："还能再优惠些吗？"

赵琳："价格已经是最低了，这样吧，等您确认了订单，我再送您一桶价值380元的机油吧。"

客户："好的。"

当客户对某件产品感兴趣时，立刻对之进行详细介绍。在做产品介绍时，别忘了询问客户的兴趣点，寻找"樱桃树"。随时关注客户，注意发现成交信息。

此案例中，客户表现出来的其实是内心的决定：购买！请问如果你提前了解了这一重要信息，对你而言会有什么好处？没错！就是在价格上面可以不用让太多！你会变得更有底气，因为你知道客户对产品是满意的。

对于普通人来讲，其心理活动通常都会通过表情、动作等肢体语言表现出来，除非他是心理学家，或者是一名职业演员，否则他不会去有意识地掩饰自己的表情、情绪，特别是在突然下一个决定，或者忽然看到自己非常喜欢的物件时，总会下意识地流露出一些信息。只要我们做个有心人，随时注意观察，并懂得对这些肢体语言做大概的分析和判断，那么你就会很容易把握住客户的心理活动，及时采取一些积极有效的措施，以获得谈判的主动权。

倾听客户的购买心理，促成交易

销售员在寻找客户的时候，除了要搞清楚他有没有购买能力之外，还要搞清楚他有没有决策权力。

有的人经济条件很好，但是他没有决策权。就像在一个单位中，钱都在出纳那里，但是决策权却在领导那里，销售员会找出纳推销产品吗？美国著名的金融大鳄摩根有一句很有名的话："你要找美国政府办事，最有效的办法是找美国总统。"这句话对于从事销售的人来说同样适用。

在公司里，具有决策权的肯定是老板，但在家里情况就不一样了。如一家人中，一般购买电器等大物件的时候，具有决定权的多半是男人，但是如果购买家用的物品，恐怕女主人就有决定权了。所以销售员明确不同的人所掌握的决定权不同很重要。

一家三口在某电子市场选购电脑。导购员热情地迎上去打招呼："你们需要买一台什么配置的电脑呢？"

父亲对儿子说："你看一下需要什么电脑。"

导购员很聪明，他发现这个孩子的目光总是盯着那些高价位的电脑，而他的父母却只在低价电脑旁转悠，显然他们的意见还没有达成一致。这位聪明的导购员估计到，孩子比较追求时髦，追求高品位，想要一台高配置的电脑，而他的父母却比较节约，大概是希望他买一台价格低廉的就可以了，孩子左右为难，既想要高性能的电脑，又怕父母不给自己买。

导购员对孩子的父母说："这种电脑虽然价格低廉，但是性能也会比较一般，年轻人对电脑的要求比较高，如果玩游戏、上网的话，配置显然不够。如果以后对硬件再进行升级，反而容易造成浪费。"

一席话说得孩子面露喜色。导购员又转过身来对孩子说："这种电脑虽然配置比较高，但一般的学习、娱乐还用不着，而且售价有些贵，买它可能会有点浪费了。"之后，她指着一台中间价位的电脑，对他们说："你们看看这台电脑怎么样？它的配置足以满足你学习、玩游戏、上网的需要，同样有硬件升级的空间，而且价格也适中，比较适合您家购买。"

这位导购员的一席话说得有情有理，各方面的需求都照顾到了——既满足了孩子追求高配置的要求，又满足了父母想要节省的愿望。最终，顺利地达成了这笔交易。

这位导购员的聪明之处就是准确地找到了购买的平衡点：父母掌握着钱袋子，既想节约，又不愿让儿子失望；孩子呢，既想要一台高性能高配置的电脑，又怕掌握着财政大权的父母不给买，所以两者共同掌握决定权。导购员准确地找到了他们的平衡点，满足了双方的不同需求，使自己的销售取得了成功。

准确判断客户的想法和态度

产品的销售过程实际上就是销售员与客户心理较量的过程，谁先洞悉到对方的心中所想，谁就能在这场较量中占得先机，谁就有较大的胜算。

一个成功的销售员，往往初与客户相见，便能敏锐地看穿客户的所想所需，能有针对性地把资讯提供给客户，使客户的心理得到满足，有利于交易的成功。比如有些客户心中有购买意愿，但却存有某种疑虑，迟迟不肯签单，有经验的销售员会马上洞悉其疑虑所在，会用诚恳、有说服力的事例来感动客户，赢得生意。

在销售的过程中，最重要的是你必须了解客户心中的想法，以及他所采取的态度。

在交谈开始时，客户所采取的态度，一般可分为下列四种情形：第一，虽然他想购买此种商品，但他仍在意价钱的高低，他正等待你告诉他确实的价格。第二，虽然他想买，而且他也知道商品的价格，可惜的是，他无法如期付款。因此，他希望你能说明商品的支付条件及方式。第三，尚未决定，不知道自己是否将购买，他正等待你做更深入的说明。第四，根本不想买。以上所述四种心理是一般客户最基本的想法及感情，而这里所谓的感情就是客户最初的怀疑、担心及兴奋等情绪的外在表现。

接近成交阶段时，他更想知道你下一句要说些什么，他想了解你将使用何种手段来达成交易。

当销售员做完示范说明或商品介绍时，客户一定会询问有关商品购买及其他疑问，这就表示他已对商品产生兴趣。

客户的态度及想法当然关系到你的工作，而客户总是在找不买的理由，这一点你必须谨记在心。

对客户来说，当他应允说"我买了"，即表示他必须负担责任与义务，因此，他宁可选择"不买"。他绞尽脑汁在找寻拒绝购买的理由，这样他就不必花掉辛苦赚来的钱。

而对销售员来说，在进行商品说明时，客户的态度非常重要。因此，若要圆满达成交易，你必须有所计划，尽可能找些具有利用价值的情报，透过语言，传达到客户的心中。

客户心中对销售员总是存着怀疑与抗拒。他不希望被人欺骗，因此，你必须以亲切的态度赢取他的信任。

客户在交谈过程中，总是随时武装着自己，防御销售员下一步可能采取的行动。所以，在这一阶段，你必须先让他放松警惕。客户在倾听商品说明时，虽然他口中询问着有关商品的问题，但心中仍然犹豫不决。有时候，在商品说明进行中，客户会流露出想购买的情绪，但临成交时，他又考虑再三，戒备心理也再次升起。在这种情况下销售员必须向客户提出问题，让他表达一下自己的意见，使交谈气氛保持愉快而热烈，这样才有助于成交。

密切注意成交信号，伺机而动

所谓成交信号，是指客户在推销面谈过程中所表现出来的各种成交意向。成交信号的表现形式十分复杂，客户有意无意中流露出来的种种言行都可能是明显的成交信号。成交是一种明示行为，而成交信号则是一种暗示行为，是暗示成交的行为和提示。实际推销工作中，客户往往不首先提出成交，更不愿主动明确地提示成交。为了达到自己所提出的交易条件，或者为了杀价，即便心里很想成交，也不说出口，似乎先提出成交者一定会吃亏。正如一对有心相恋的情人，谁也不愿先说出内心的真情，似乎这样就会降低自己的身份，客户的这种心理状态是成交的障碍。不过，好在"爱"是藏不住的，客户的成交意向总会通过各种方面表现出来，销售员必须善于观察客户的言行，捕捉各种成交信号，及时促成交易。在实际推销工作中，一定的成交信号不仅取决于一定的推销环境和推销气氛，还取决于客户的购买动机和个人特性。

下面我们列举一些比较典型的实例，并加以分析和说明：

1. 直接邮寄广告得到反应

在寻找客户的过程中，销售员可以分期分批寄出一些推销广告。这些邮寄广告如果能得到迅速的反应，就表明客户有购买意向，这是一种明显的成交信号。

2. 客户经常接受销售员的约见

在绝大多数情况下，客户往往不愿意重复接见同一位成交无望的销售员，如果客户乐于经常接受销售员的约见，这就暗示着这位客户有购买意向，销售员应该利用有利时机，及时促成交易。

3.客户的接待态度逐渐转好

在实际推销工作中，有些客户态度冷淡或拒绝接见销售员，即使勉强接受约见，也是不冷不热，企图让销售员自讨没趣。销售员应该我行我素，自强不息。一旦客户的接待态度渐渐转好，这就表明客户开始注意你的货品，并且产生了一定的兴趣，暗示着客户有成交意向，这一转变就是一种明显的成交信号。

4.在面谈过程中，客户主动提出更换面谈场所

在一般情况下，客户不会更换面谈场所，有时在正式面谈过程中，客户会主动提出更换面谈场所，例如由会客室换进办公室或者由大办公室换进小办公室，等等。这一更换也是一种暗示，是一种有利的成交信号。

5.在面谈期间，客户拒绝接见其他公司的销售员或其他有关人员

这表明客户非常重视这次会谈，不愿被别人打扰，销售员应该充分利用这一时机。

6.在面谈过程中，接见人主动向销售员介绍该公司负责采购的人员及其他有关人员，也是明显的成交信号

在推销过程中，销售员总是首先接近有关具有购买决策权的人员及其他有关要人，而这些要人并不负责具体的购买事宜，也很少直接参与有关具体购买条件的商谈。一旦接见人主

动向销售员介绍有关采购人员或其他人员，则表明决策人已经做出初步的购买决策，有关具体事项留待有关业务人员进一步商谈，这是一种明显的成交信号。

7. 客户提出各种问题要求销售员回答

这表明客户对推销品有兴趣，是有利的成交信号。

8. 客户提出各种购买异议

客户异议是针对销售员及其推销建议和推销品而提出的不同意见。客户异议既是成交的障碍，也是成交的信号。

9. 客户要求销售员展示推销品

这表明客户有购买意向，销售员应该抓住有利时机，努力促成交易。

抓住八个促成交易的信号

有家培训公司的一位销售人员，跟一个客户谈了好长时间，始终没有签下订单。让人意想不到的是，客户主动打电话到公司提出培训的要求。这让人百思不得其解，为什么他不和天天见面的销售人员签合同，偏偏要自己打电话来公司呢？

终于有一次，该公司老总和对方闲谈时提到这个问题。对方哈哈大笑："搞销售的那个小伙子很不错，要不是他讲得那么好，我也不会来找你。问题是，不是我不和他签单，而是他不和我签单。我已经数次表示了签合同的意向，可他硬是没反应过来。你想想，他不和我签，还继续讲解，我能不烦吗，当然也算是和他开个玩笑！"原来，问题出在这位销售人员缺乏敏锐"嗅觉"，险些错失了一笔生意。

有些销售人员各个环节都处理得很好，却功亏一篑，没能拿到订单。事后自己也觉得很冤，费了大半天的口舌，为什么没能成功？通常是因为这个销售人员没有发现客户成交的迹象。客户已经愿意购买商品了，销售人员还在那里喋喋不休，就很容易错过成交的机会。有些客户甚至通过你介绍的信息，从别处购买了需要的商品。

有时候，客户表面上拒绝了你的产品，实际上在内心已经同意和你成交。他们表面上拒绝，是因为他们对掏钱可能还有迟疑。对于这种情况，有经验的销售人员会立即打消客户的这种成交迟疑。

客户的购买信号很多，但很少有直接的表述，这需要销售人员观察、把握这些暗示的语言动作，以有利于成交的快速进行。下面列举的就是一些成交的信号。

1.时而看着销售人员，时而看着说明书

有时候，客户会看看销售人员，再看看说明书。为什么？其实，客户心里在想：还有什么问题，我赶快问，看看说明书再挑一挑，挑出个毛病不就可以再降点价嘛。这是人在选商品时固有的一种心态，实在挑不出问题了，那就掏钱了。

2. 开始大发感慨

有些客户突然就开始大发感慨了："哎呀，小伙子呀，我真说不过你！""真拿你没办法了。"这是好征兆，说明对方对销售人员个人已经认可了。我们要做的，就是要主动提出促成，直接跟他说："先生，您看是使用现金结账还是用信用卡结账？"

3. 向周围的人寻求看法

有些客户想要成交的时候，往往会开始寻找周围的伙伴们，征求他们的意见："你们看如何？""怎么样？还可以吧？"为什么呢？任何人做出决定都需要他人的支持，这是在寻找认同。很明显，他的心中已经认同了。

4. 大肆评论你的产品

客户大肆地评论你的产品（不管是正面的还是反面的）或者目光一直追随着你的产品。

5. 突然开始杀价或对商品提毛病

出现这种情况，有很多销售人员第一反应是生气，接着会很纳闷——刚才不是说得好好的吗？怎么就忽然开始挑毛病了？有些急脾气的销售人员甚至会因此和客户吵起来。其实，他是想最后的一搏，即使你不给他降价，不对商品的所谓毛病做更多的解释，他也会答应你的。因此，千万不要生气，因为你就要成功了!

6.喃喃自语,皱着眉头宛若难以决策的样子

就要交钱了,当然痛苦。所以,客户表现出这副样子也在情理之中。这时候,你要赶快再添一把火,主动催促成交,让他尽快摆脱痛苦,享受成交后的快乐。

7.褒奖其他公司的商品,甚至列举商品的名称

这犹如此地无银三百两,既然别家商品如此好,他又为何与你费尽这些周折呢?

8.开始探询产品背后的好处

对方问及市场反应如何、品质保证期、售后服务、交货期、交货手续、支付方式、保养方法、使用注意事项、价格、新旧产品比较、竞争对手的产品及交货条件、市场评价等,未必是坏事。如果他根本不想达成这项协议,又何必枉费如此多口舌问这些问题呢?这些都是客户没有其他问题的一些信号。它表明客户已经接受了产品,只要你有足够灵敏的嗅觉,就会顺利成交。培养敏锐的嗅觉,要多磨炼,要多揣摩,多回想和客户洽谈的场景,细细体会,看哪一位客户曾经流露出了购买的意向?有多少次是因为自己不够敏锐而错失良机?只要你随时想着、念着、自我训练着,用不了多久,成交的信念便会融入你的思维,融入你的气质,融入你生活的点点滴滴,你就能敏锐地捕捉到成交的机会。